新米系列 7

選對基金

新米太郎／編著

恆兆文化·出版

CONTENTS

Chapter 1 鈔票海洋篇 005

從鈔票的角度了解基金投資的核心精神

Chapter 1

從鈔票的角度了解基金投資的核心精神

鈔票海洋篇

世界有一個鈔票海洋！

蔓延在世界的鈔票海洋中有五個島嶼。

投資人具備海洋鈔票知識，

了解鈔票風吹往何處，

我們的目的，

就是透過基金找到遍地黃金的島嶼。

Lesson 01

世界上有一個鈔票海洋

世界上不同區域都被海洋包圍著，雖然不同區域、國家各有自己的建設，但海上颳起大風時，臨近各國也都會受到不同程度的影響——然而，有時北半球正受惡劣氣候所苦，南半球卻陽光普照；有時東半球的各國作物欠收，西半球各國卻大豐收……。

鈔票跟海洋一樣，一直在世上流動著——有人在這個國家買東西，在那個國家領薪資；有人在這一洲販賣貨物，在另一洲花錢買房子。

選對基金就像選擇停泊在我們周圍的上千艘船（上千檔基金）那一艘是我們的資金想前往的地方?因為這些船將航向不同的島嶼。

對投資人而言，雖然我們不懂得開船，但可以花錢請專業的船長（基金經理人），而投資人的工作就是要在正確的時間選對出海的船隻！並留意鈔票海洋隨時會起變化的「氣候條件」巧妙的見風轉舵。

選擇基金＝預測未來的鈔票海洋天氣

投資人要自己學會預測「明天的天氣」，目標是寄望船所行駛的島嶼天候良好，讓自己手頭的鈔票跟著走向富饒之地！

如果你的年紀還不算太輕，可能還記得早年國內定存利率曾出現6%、8%，手頭有現金，放在銀行定存是件多麼可愛的事啊！的確，如果錢能夠順利的被投資就能「自己不斷的增值」，就像國內曾有過股票長達多年上漲的過去，在那個時代誰能夠順著這個鈔票的勢頭登陸台灣的股票島，誰的資產就能大幅升值。但潮時起時落，在同一個區域也許「股票不行了」但還有外幣、債券、地產，若是什麼都不行了，走出國門到別的區域看看，總之，「最適合投資、果實最豐碩的島嶼」一定存在於世界某個角落。

鈔票海洋羅布在全世界

基金便利投資全世界。而具備宏觀的金錢知識，才能在鈔票海洋中快意航行。

投資像航海，充滿刺激與冒險

風險雖高，收益也大。目的是減少風險，增加收益。

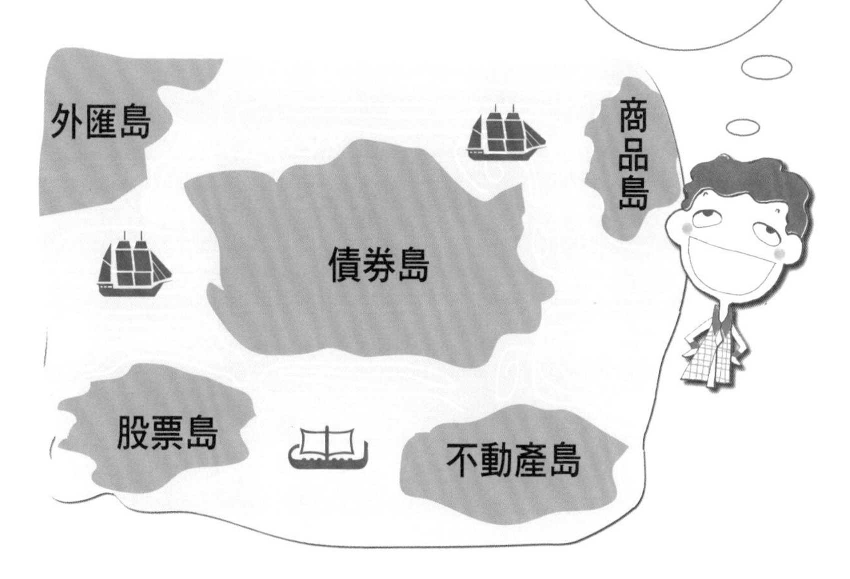

冒險成功

（財富增加）

冒險失敗

（財富減少）

全球近10年股票走勢圖

資料來源鉅亨網（www.cnyes.com）首頁→國際股→其他指數

德國Xetra DAX指數,DE

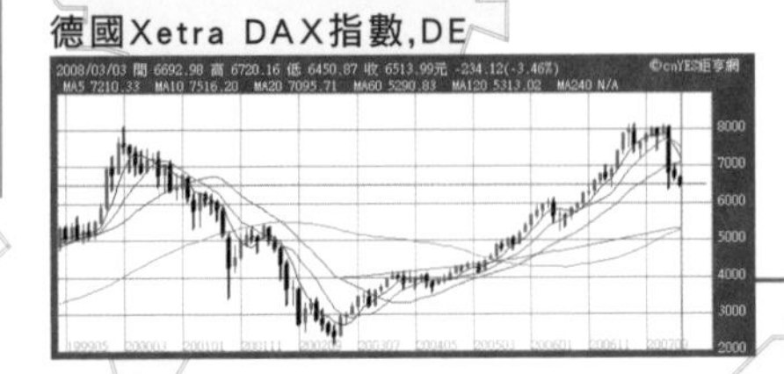

英國金融時報指數,UK

美國道瓊工業指數,US

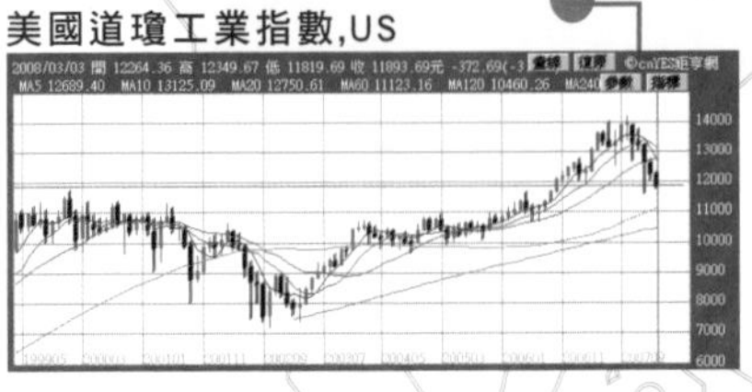

西班牙IBEX35指數,ES

德國、英國、西班牙三張圖看起來很像，可不是捉錯檔案，而是地區太近的經濟體，本來連動性就很高，總是要漲一起漲要跌一起跌，所以，分散投資是必要的。

巴西BOVESPA指數,BR

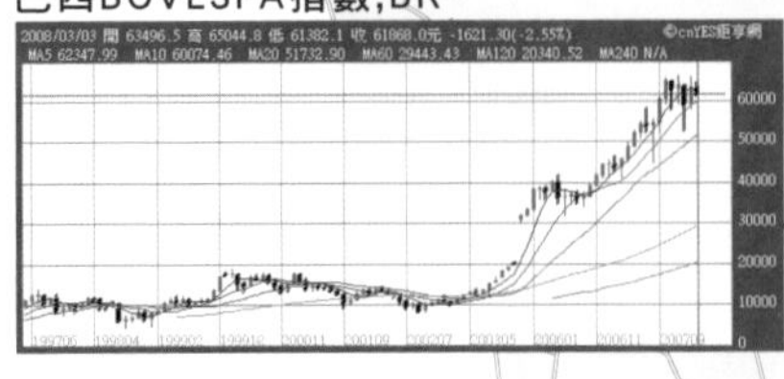

南非JSE全股指數,ZA

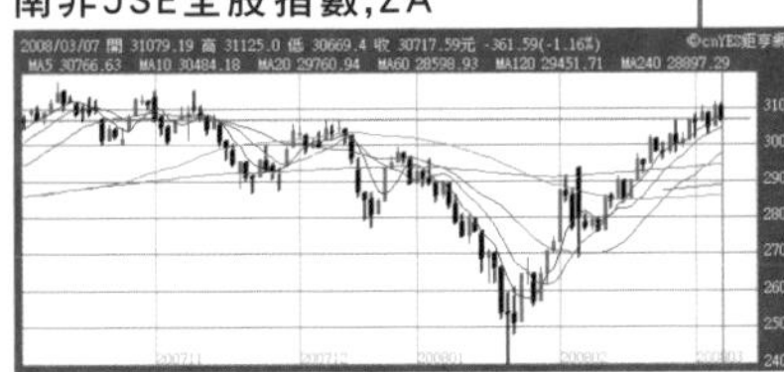

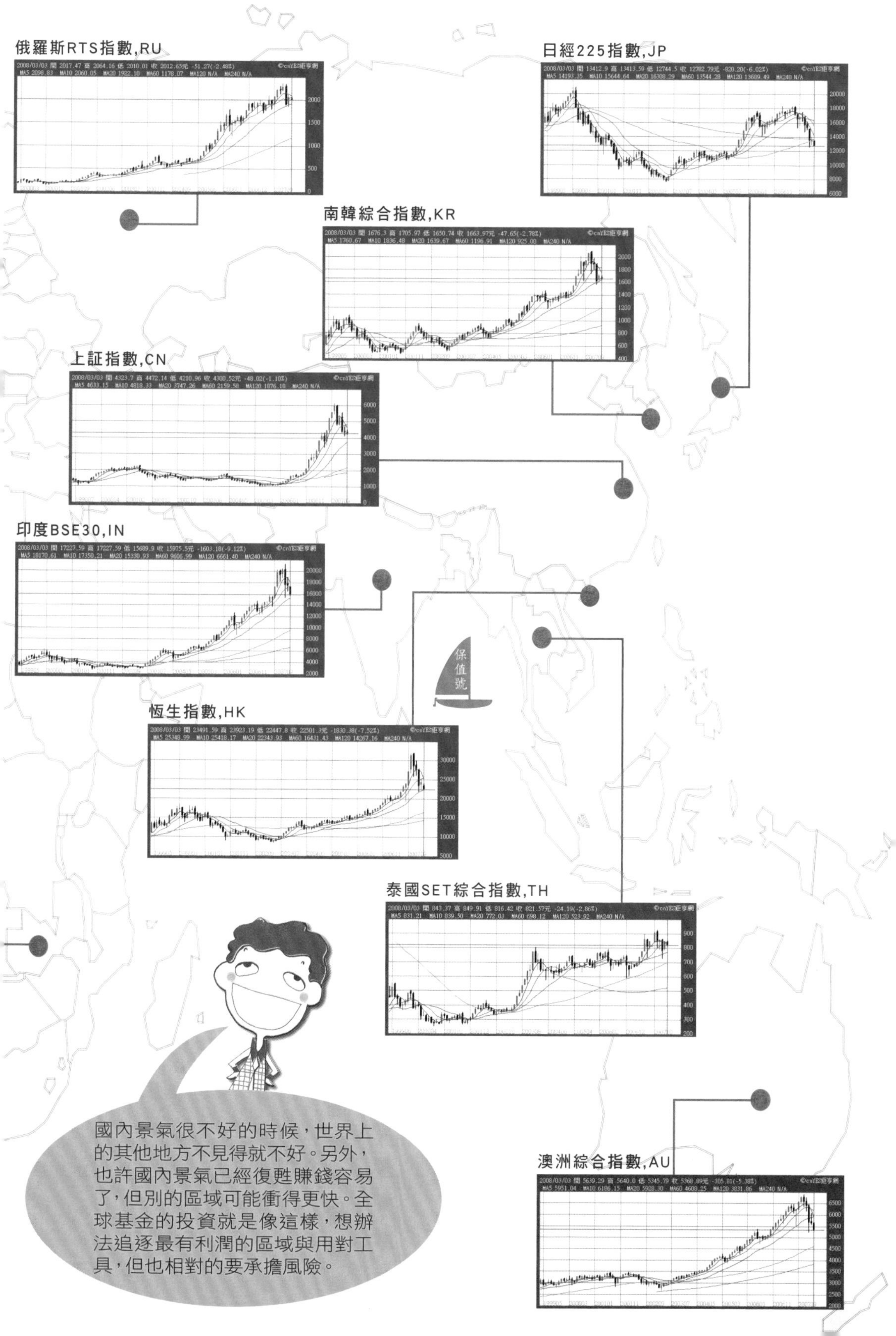
俄羅斯RTS指數,RU
日經225指數,JP
南韓綜合指數,KR
上証指數,CN
印度BSE30,IN
恆生指數,HK
保值號
泰國SET綜合指數,TH
澳洲綜合指數,AU
國內景氣很不好的時候，世界上的其他地方不見得就不好。另外，也許國內景氣已經復甦賺錢容易了，但別的區域可能衝得更快。全球基金的投資就是像這樣，想辦法追逐最有利潤的區域與用對工具，但也相對的要承擔風險。

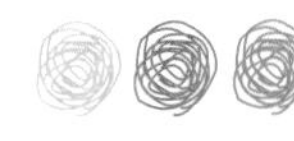

Lesson　02

從利率看基金儲蓄與投資

很多人是看了基金廣告或者報章媒體才購買基金的；看到定存利率那麼低轉而「試試基金」的人應該也有很多。「現在不再是儲蓄時代，而是投資時代」已變成是普世價值，也就是大部份的人都認為「投資是道德」的。但是，從個人的角度，投資與儲蓄的意義是一樣的，目的都是「為自己的將來增加資金」。不同的是，「儲蓄」必須仰賴自己勤勤懇懇的透過勞動→存錢→儲備資金；相對的，「投資」就不必自己親力親為，只要有辦法讓「分出去的存款＝資產」能像「孝順的兒子」一樣，拚命的勞動幫我們的未來增加資產就可以。

那麼，我們儲蓄要達到多少，才可以「分出存款」開始投資呢？

自身利率的計算方式

儲蓄與投資的分際雖然是因人而異，但是，若把自己也當成是「利率」的提供者，何時該開始投資就變得很清楚了。

這是什麼意思呢？

假設，你已經有100萬的存款，每個月你還能從所得中存下1萬元，也就是一年能存12萬元，那麼，你的「自身利率」就是12%（12/100×100%）。

看到了沒有？

你自己就是一項「金融商品」，它每年可以提供自己12%的利潤。

換句話說，若你既有的存款不是100萬，而是200萬，且每年一樣只能存12萬，那麼，你的「自身利率」將變成多少呢？套用公利率公式是：6%。

依此類推，若是你的身價（資產）有500萬，甚至是1000萬或更多，分母愈大你的「自身利率」將會愈低。

投資基金，個人可採美國國債利率為基準(約4%)。

你該採儲蓄的方式增加未來的資產呢？還是該採投資的方式增加

 投資和儲蓄的不同

儲蓄 = 自己工作賺錢

投資 = 讓鈔票工作增加財富

儲蓄的情況 = **自身利率** = **自己一年的存款 / 自己的所有資產**

比如，自己一年可以存12萬元，自己的資產是100萬，那麼，「自身利率」就是12%

投資的情況 = **鈔票利率** = **例：**

- **美國長期國債4%**
- **股票一年2倍**
- **基金年化報酬8%……**

一年能存20萬，資產200萬，自身利率是10%。  一年能存20萬，資產超過800萬，自身利率2.5%。  比較自身利率與鈔票利率，利率高的就多花心力在上面。

這麼說來，當自身利率比預期投資利率低時，就可以考慮投資。

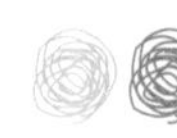

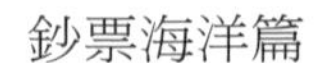

未來資產呢？原則上，跟你的「自身利率」相較，就可以分辨得出來。基金的好處是有很多種選擇性，可以挑報酬穩定的儲蓄型也可以選追求高報酬的投資型。

以一般的理財需求，可以以美國長期國債利率約4%（10年期）做為參考，也就是當自身利率在4%以下，就可以考慮選擇捨定存選基金。換句話說，如果你每個月可以儲蓄1萬元（一年存12萬），你的總資產在300萬以上，就可以開始跨入基金投資的領域。

而如果你的自身利率已經很高，也未必一定要參與這種具有風險性的投資活動，比方說，你經營商店，總共資產有300萬，一年可存下150萬，算一算自身利率高達50%的情形下，就暫時別去想投資獲利的事情了，把心力集中在事業的經營上會更有上算。

別迷信 只要買了就會賺的神話

投資要能獲利，這種錢不會平白的從天上掉下來，投資人得花很多時間做很多功課，並且要時時盯緊鈔票海洋的變化，就本質上它也是一門生意。

投資與儲蓄不同，以基金投資而言，它是一趟在全世界各地「鈔票海洋」的冒險之旅，冒險就有危險，如果看錯了「鈔票海洋」的氣象條件，不僅得不到利潤，還會遭受損失，因為，只要從事投資，就算是支付了手續費、管理費而非親自工作，也得時時注意投資商品的動向。

基金商品就長期投資的角度來看，報酬率在定存之上，雖然它會承受風險，但只要投資人計算好自己的財力狀況，目標設定在合理的範圍內，並用心的時時關心世界經濟動向，每年報酬在4%以上一點也不難。

基金多元的選擇性，適合不同族群

範例1 環球型

以環球型基金來看，
報酬穩定，可視為儲蓄型基金。

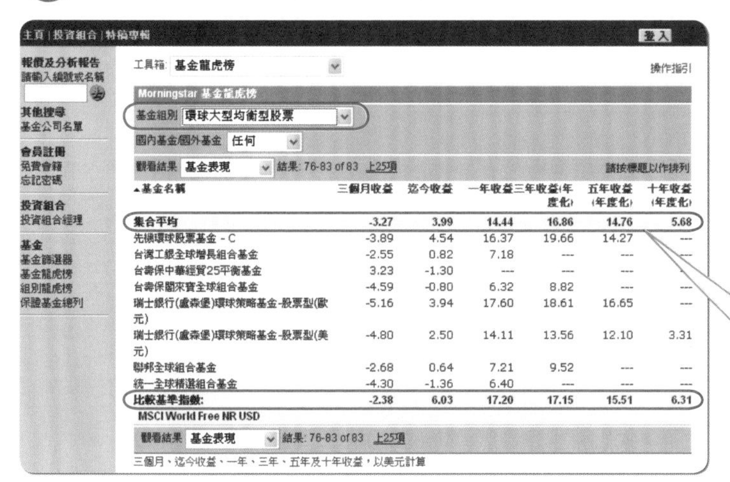

主頁 | 投資組合 | 特稿專輯　登入

報價及分析報告
請輸入編號或名稱
其他搜尋
基金公司名單
會員註冊
免費會籍
忘記密碼
投資組合
投資組合經理
基金
基金篩選器
基金龍虎榜
組別龍虎榜
保證基金總列

工具箱：基金龍虎榜　操作指引

Morningstar 基金龍虎榜

基金組別 環球大型均衡型股票

國內基金/國外基金 任何

觀看結果 基金表現　結果: 76-83 of 83 上25項　請按標題以作排列

▲基金名稱	三個月收益	迄今收益	一年收益	三年收益(年度化)	五年收益(年度化)	十年收益(年度化)
集合平均	**-3.27**	**3.99**	**14.44**	**16.86**	**14.76**	**5.68**
先機環球股票基金 - C	-3.89	4.54	16.37	19.66	14.27	---
台灣工銀全球增長組合基金	-2.55	0.82	7.18	---	---	---
台壽保中華經貿25平衡基金	3.23	-1.30	---	---	---	[illegible]
台壽保關來寶全球組合基金	-4.59	-0.80	6.32	8.82	---	---
瑞士銀行(盧森堡)環球策略基金-股票型(歐元)	-5.16	3.94	17.60	18.61	16.65	---
瑞士銀行(盧森堡)環球策略基金-股票型(美元)	-4.80	2.50	14.11	13.56	12.10	3.31
聯邦全球組合基金	-2.68	0.64	7.21	9.52	---	---
統一全球精選組合基金	-4.30	-1.36	6.40	---	---	---
比較基準指數: MSCI World Free NR USD	**-2.38**	**6.03**	**17.20**	**17.15**	**15.51**	**6.31**

觀看結果 基金表現　結果: 76-83 of 83 上25項

三個月、迄今收益、一年、三年、五年及十年收益，以美元計算

直接看不同組別的集合平均值，它的意義是這一類型的基金平均每年有多少報酬。以過去10年每年有5.68%；以過去5年，每年平均有14.76%；以過去三年，每年平均有16.86%依此類推。
也可以看「比較基準指數」做為參考。

每種類型的基金過去的報酬表現如何？可利用晨星網在基金龍虎榜上轉換不同的組別觀察報酬變化。

範例2 股票型

股票型基金風險較高，
仔細瞧就知道落差很大。屬於投資型基金。

主頁 | 投資組合 | 特稿專輯　登入

報價及分析報告
請輸入編號或名稱
其他搜尋
基金公司名單
會員註冊
免費會籍
忘記密碼
投資組合
投資組合經理
基金
基金篩選器
基金龍虎榜
組別龍虎榜
保證基金總列

工具箱：基金龍虎榜　操作指引

Morningstar 基金龍虎榜

基金組別 美國大型價值型股票

國內基金/國外基金 任何

觀看結果 基金表現　結果: 26-31 of 31 上25項　請按標題以作排列

▲基金名稱	三個月收益	迄今收益	一年收益	三年收益(年度化)	五年收益(年度化)	十年收益(年度化)
集合平均	**-5.93**	**2.12**	**12.92**	**11.38**	**11.18**	**4.78**
法興美國相關價值股票基金 - P	-7.62	0.11	10.61	12.06	---	---
先機美國價值基金 - A	-10.98	-3.51	8.88	11.96	10.20	---
先機美國價值基金 - A3	-10.87	-3.57	9.20	---	---	---
先機美國價值基金 - B	-11.31	-4.45	7.26	10.30	8.57	---
先機美國價值基金 - C	-11.31	-4.45	7.26	10.30	8.56	---
瑞士銀行（盧森堡）美國價值基金 - B-ACC	-5.27	2.26	12.72	12.64	12.38	6.77
比較基準指數: MSCI US Value NR USD	**-3.03**	**4.10**	**14.82**	**13.09**	**13.40**	**5.93**

觀看結果 基金表現　結果: 26-31 of 31 上25項

三個月、迄今收益、一年、三年、五年及十年收益，以美元計算

- 資料來源晨星網（www.morningstar.com）
- 首頁→基金龍虎榜→選擇「基金組別」→選擇觀看結果「基金表現」

Lesson 03

基金＝依賴經理人 沒這回事！

投資，就是不靠自己工作，也能讓資產增加。買股票能隨著企業成長讓資金成長屬於很便捷的方法，不過，因為個別股票(企業)有風險，所以，理財專家會建議業餘投資人別全部押寶股票，應該分散資產交給專業經理人。但是，這樣的說法並不是完全不管在這個汪洋的鈔票大海中「吹什風」？也不能輕看基金「只有3%」的額外費用。

留心任何投資的費用 儘量選擇划算的商品

雖然不是說在投資之外的其他費用要斤斤計較（不理性的計較小費用可能因小失大），但這些額外的費用還是必須留意的（如果你拿了100萬投資基金，額外費用是3%，其中有3萬元的金錢在開始運作之前就不存在了。等於本金只有97萬）。

此外，現在的理財商品設計上愈來愈簡便，「非得要付那麼高的費用買套裝好的基金嗎？」是值得三思的。比方說，買主動跟蹤指數的ETF其費用低功能也類似基金，是不是也是一種考慮呢？如果鍾情外國股票，直接向國內券商買美股是不是也可以呢？

如果你覺得花時間搞懂這些「看起來很難」的金融商品，以為世界上還存在著懶人投資法，那麼，建議你就連號稱很簡單的基金投資也別買，而且，也不要迷信「長期投資」就能如何如何的說法，比方說投資多久以上基金手續有折扣或免費或長期投資幾乎沒有風險……以上這些說法一點也沒有錯，但它僅適用於用功、肯不斷學習知識的投資人。若是投資知識不足，常常會落得耐不住漲跌，倉皇進出，即使不賠也要白白浪費一堆手續費。這是很務實的經驗談，而要改善這種白花錢的情況，沒有什麼「明牌」，只有一條路，就是認真學習。

若想借著基金在世界的鈔票海洋中航行，花時間了解是必要的。

即時掌握基金資訊的小撇步

❶ 在Google首頁左上角的「更多」下拉選單中，點下「更多」選項。

❷ 點選「快訊」的選項。

❸ 輸入想監看的主題（如：基金）與信箱，就可隨時掌握想看的最新新聞。

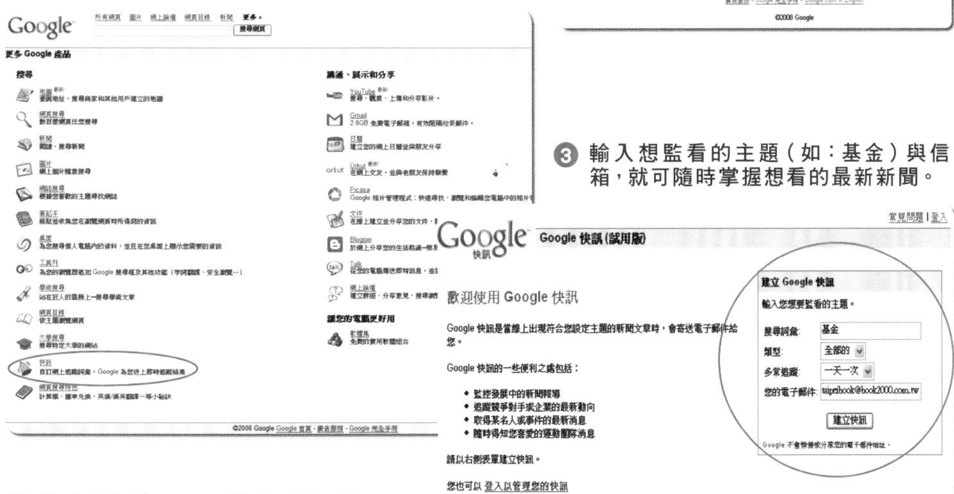

❹ 基金最新資訊天天熱熱的送到你的信箱，賺錢機會不漏接。

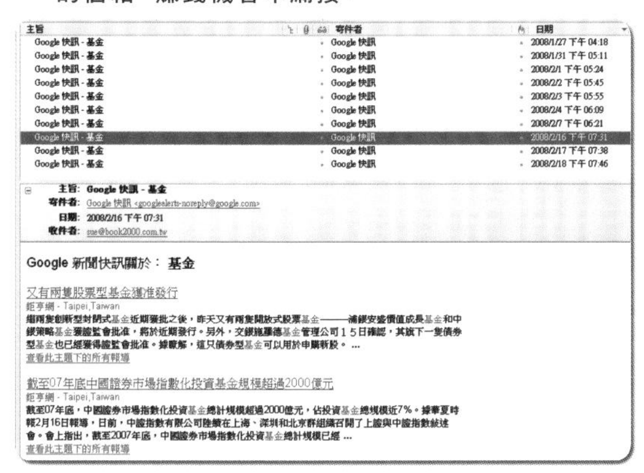

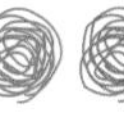 Lesson 04

鈔票海洋中的五個島嶼

以商品來看，蔓延在世界鈔票海洋有五個必要認識的島嶼，分別是股票島、債券島、不動產島、商品島、外匯島。

目前基金商品，不管它的組合是什麼，大致上都跳不出以上五項投資工具的組合，選對基金就得對這五個散布在鈔票海洋的島嶼有所認識。

此外，還要讀取世界經濟的天氣，從而判斷自己的鈔票應該登陸那個島嶼比較有賺頭，當然也要隨時留心鈔票海洋的天氣如何，評估登陸的安全度。這就是投資的基本方法。

鈔票海洋的五島嶼之一：股票島

「股票島」是向公司直接投資的島嶼。

所謂的「向公司直接投資」指的就是購買這家公司所發行的股票，入主公司成為它的一份子。當公司的營業活動和新開展業務有所進展而盈利時，身為股東就能分得一份利潤。

此外，公司的股票在外面流通，它的價格也會隨著公司的未來被看好或看壞致使價格有所波動，持有股票的人買進或賣出將使購買股買產生獲利或虧損。

股票的上漲或下跌取決於經濟的情況，如果業績好公司不斷成長，股價就上漲；景氣低迷股價也會變壞。所以，股票島的情況，受到鈔票海洋的天氣很大的影響。就如眾所皆知，股票價格一星期之內要變動10%上下是很平常的事情，如果讓鈔票登陸股票島，一年之內賺上2、3倍並不值得驚訝，當然也有可能一年之內賠掉一半或更多。

登陸股票島是年輕、喜歡冒險者的天堂。因著景氣循環與其他因素，單一區域（國家）股票長期上漲是不可能的，說什麼股價也必須反應企業本身的體質，如果在強勁的漲勢之後，投資人還要繼續讓自己的鈔票停

股票島──預期報酬大風險也高

預測企業是否成長，買進企業股份來賺錢的投資。不僅要瞭解企業的成長狀況，還要讀取當地經濟和世界經濟的鈔票大潮。而且需要預測想賣出股票和想買進股票兩者的供需關係。股票投資有機會讓資產增值好幾倍，但是風險也可能很大。

第1篇──鈔票海洋

Key Word

【天氣】

本書將「世界經濟」比喻為「鈔票海洋的天氣」，也就是「鈔票海洋天氣很好＝世界經濟狀況很好」；「鈔票海洋天氣不好＝世界經濟狀況不好」的意思。

留在股票島上，從某種意義上就要選擇股票相對便宜的公司或區域作為投資標的。

（對股票直接投資有興趣的新手，建議閱讀由恆兆文化所發行的「股票初見面」系列四書，包括「本益比」、「短期交易」、「長期投資」與「看盤選股」。）

鈔票海洋的五島嶼之二：債券島

「債券島」簡單來講，就是把錢借給別人，每年能獲得一定利息收益。看過前面股票島的景況，你一定很快能理解：它的波動比股票低！！

是的，債券島跟股票島相比，不但安靜而且穩重。投資債券就像把錢借給別人一樣，投資人可以獲得固定的利息，除非是對方不肯還錢，否則本金到期之後對方就必需依約歸還本金。

在債券島上交易的不只是企業，最主要還有「國家」，買國家債就等於把錢借給那個國家，例如，買美國政府公債，就是把錢借給美國政府。由此，你可以推測，當鈔票海洋的天氣波濤洶湧之際，手頭有錢的人大家一定比較想逃到債券島上避難吧！

了解股票島債券島的特性，應該就知道為什麼專家們總會強調「股債平衡」了吧！

上面這麼說債券島，聽起來好像登陸這個島的鈔票都可以高枕無憂似的，也不能這樣子說，債券島儘管不像股票島暴漲暴跌，但債券本身也能買賣，也就是說你持有了債券，在到期日之前這張債券憑證是可以在市場上交易的。

不過，一般個人投資者比較少頻繁的進行買賣，通常是法人機構比較多，所以債券價格也會波動。此外，把錢借給人，也得承受發行債券者因故倒閉的風險。

債券島—— 專賺利息且是規模最大的一座島

債券是透過借錢給別人而獲得利息的投資。債券有很多種，比如，國家發行國債，政府機關發行公債，企業發行公司債券。與股票相比，債券風險相對較低，但也不是百分百沒風險，債券也有債務不履行的風險。

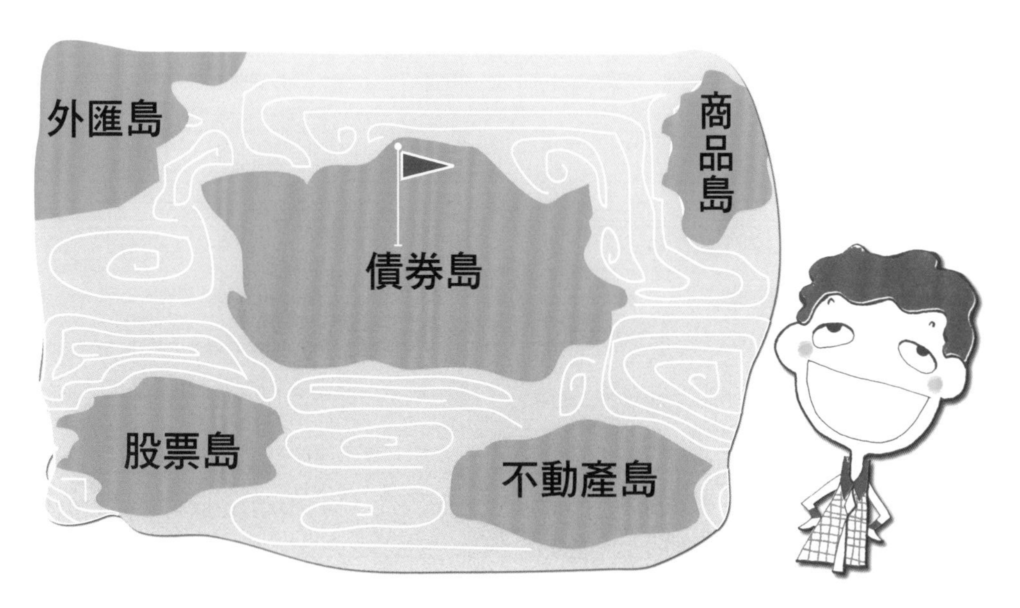

Key Word

【債券價格】

債券的價格每天都會變動。比方說，利率調升時，大家傾向存定存，債券價格就下跌；物價漲得太快，有資金者可能會傾向購買如不動產以保值，債券的需求變小，價格也會下跌；另外，新債券發行過多，也會讓舊券價供過於求而價格變低……等等。

鈔票海洋的五島嶼之三：不動產島

不動產島就是專營土地交易與土地相關的島嶼。

講到「不動產」一般人腦子裡浮現的就是一棟說什麼也很想要的房子與要負擔幾乎一輩子貸款的房貸……。但是，這裡指的不是花了大把鈔票，把全家搬進去住的房子，因為如果是那樣的話，房子就沒有什麼增值與投資的算計了——即使買了房子，房子市價也增值，卻因為沒有賣出或出租，自己的財富一點也沒增值。這裡的不動產島指的是交易不動產獲得土地、房屋價格上漲的利潤或者是出租房子獲得租金收入。

從世界的角度來看，不管是歐洲還是大陸，土地價格會隨著經濟發展而上漲，如果能夠低買高賣，就能獲得價格上漲利潤。此外，許多國家重要的城市其商業辦公大樓、商業設施與出租公寓也能獲得房租收入，這種情況在低利息的社會尤其有魅力。

過去投資不動產，除了直接購置之外，另外就是選購擇具有不動產題材的股票，前者需要挹注大筆資金，門檻相當高；後者則受限於股市波動，須承擔風險。但自從不動產證券化之後，不動產的投資就靈活多了，最常見的就是不動產投資信託REITs（Real Estate Investment Trusts）REITs是不動產證券化的一種，其基本架構是將已具有穩定收益的不動產，變成小單位且具有流動性的有價證券，讓投資人不需花費高額的資金投入但卻可以參與不動產收益；不持有實質不動產標的，又可以獲得不動產市場帶來的增值空間同時也提供小額投資者投資不動產的機會。

REITs是很多不同資產的投資組合，不像傳統投資以股票或債券為主。所以與股債市連動低，具備分散投資組合風險功能，因此愈來愈受投資人的重視。

不動產島──與股債市連動低的資產

除了土地的價格上漲以外，還能獲得房租收入，這就是不動產投資。以前，需要相當大的一筆資金，但現在可以用少量資金進行投資，比如REITs。投資REITs之前要先閱讀投資說明書，看看其持有的不動產地點在那裡?是否有潛力?道理跟買房子一樣。

Key Word

【國內REITs】

國內「不動產證券化條例」完成立法程序後，第一檔不動產投資信託「富邦一號不動產投資信託基金」在2005年已經推出。

鈔票海洋的五島嶼之四：外匯島

大家應該都知道，每個國家都有自己的貨幣吧！

如果你想要透過各種形式勇敢的跨入「鈔票海洋」到自己的國家之外進行各樣的交易，第一站就得先到「外匯島」，把自己手頭的鈔票先換成目的國家的鈔票才可以。

也就是說，跨國金融活動第一步就是先到外匯島。貨幣的兌換隨著各國的情況不同，每天都有所變化，如果某個國家經濟不景氣或是發生動亂戰爭，這個國家的貨幣就會貶值。

這個道理很容易理解，如果你手上有戰亂國的鈔票，一定很擔心這個國家說不定就此消失，會想辦法把這些鈔票換成對你而言比較安心的幣別，當大家都這樣想也這樣做的時候，這個戰亂國的鈔票就太多了，沒有人想積極持有的貨物（鈔票）價格就會貶值。

世界上目前最流行也最通用的就是美元。以目前（2008.2.29）一美元兌新台幣30.91元的情況，如果下個月變成一美元兌換新台幣32元，從台灣的立場看，就是新台幣的貶值，從美國的立場看就是美元升值。立場不同，貨幣的升貶就不同。

鈔票海洋的五島嶼之五：商品島

在「商品島」上可以買賣各種各樣的商品，從金、銀、鐵、石油到日常糧食如黃豆、玉米等等應有盡有，其中最頻繁的是推動世界經濟原動力的「原油」。這些商品現在已經可以透過期貨或基金在網路上簡單的買賣，不過，其價格的波動比起股票或債券等更為劇烈。

小結

綜合上述，「投資」不僅僅只是大家熟知的「股票」而已，散布在「鈔票海洋」中的還有其他的島嶼，買基金之前，要先清楚「鈔票海洋的天氣條件」選擇在適當的時機登陸「有賺頭的島嶼」，並巧妙的「見風轉舵」如此，才能使資產增值。

外匯島、商品島——天氣變化，有賺頭的島也不一樣

通過買賣外國貨幣賺錢的投資就是外匯島。相對於買進的貨幣，新台幣貶值就獲利，新台幣升值就虧損。只要是買進外國股票、債券或到當地消費（如旅行、置產）都必須經過「外匯島」。

商品島上則是通過金、銀、石油、大豆等價格上漲利潤賺錢。價格變動非常劇烈。因此風險很高

Key Word

【期貨交易】

期貨交易是指將來某一天「約定」交易某種商品。這時，就需要預先決定將來以多少價格買賣商品，即使到期日的價格是上漲或下跌都要以之前預先的價格買賣。「將來某日的實際價格」與「預先約定的價格」中間就會產生利潤或損失。

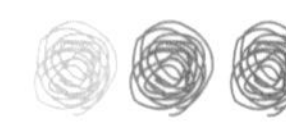

Lesson 05

股票島(1) 選景氣島上的健壯椰子

基金透過重組包裝「五島」賣給消費者，現在就逐步的來看個別島投資的判斷方法。

本文先從股票島談起。

公司成長，是股價上漲的原動力

在「股票島」上投資人能做的事情就是投入資金購買公司的一部份。

我們常講「公司」由中文來看比較難解釋，如果從英文字面意義來看公司就是company，也就是「人的聚集」的意思；有時公司也稱為corporation（團體或法人）或enterprise（事業或進取的風氣）。換句話說，所謂的公司，在英語世界指的是「透過很多人的工作，以獲取報酬而聚集的地方。」

當我們把自己手中的錢投資在「公司」，就是對這個團體努力工作並獲得利潤有所期待。

買股票就跟在一座海島上買椰子樹一樣，登陸島上可以看到一棵棵的椰子樹，這些椰子樹有的長得很健壯，有的長得不一定很好，分辨的方法最簡單的就是看它所結的椰子是否又大又多，因為買椰子樹的目的就是獲取椰子。而這豐富的椰子就是「股東分紅」，也就是投資人花錢買下它的資本利得。

即"早"發現好企業 買股票才有贏面

選購椰子樹還有一項很重要的就是「誰最先找到」。如果大家都知道這一棵椰子樹將會大結果實，因為爭取者眾，價格（成本）一定很高，投資人所購入的成本就很貴。所以，在價格便宜的時候發現並買下它很重要。

那麼，如何選椰子樹（公司）呢？

從公司銷售額、利潤和對其產業未來的研究可以推估它的成長性。如果銷售額和利潤年年成長，就是成長型的公司，同時，還可以從銷售額和

股票投資如同椰子樹的選擇

- 要登上股票島，得先看島上的天候如何。
- 選區域、選工具是投資人自己的工作。
- 找到有潛力長高長壯的小樹，就像選股。
- 選股是基金經理人的工作。
- 果實，就像股利。

Key Word

【股東分紅】

公司每年從獲利中分派給股東的利潤。要看每個地區的股東分紅率，可以上網查詢。

利潤率推算它的資本效率了解這家公司的績效(詳見「股票初見面」系列)。要推算誰是好股票是需要專業與時間投入,如果我們購買的是基金,選股將由基金經理人做專業評估。

個別公司的績效對投資人很重要,但從常識上也能了解,椰子樹的成長好不好還得看島上氣候如何,如果股票島上風調雨順,椰子樹就能期待結實,如果島上氣候不佳,就算是買到了健壯的椰子樹也不易有收成。

因此,投資股票前要先懂得分辨鈔票海洋的整體條件,是資金出航的首要條件。而這個掌控權則是投資人選擇的。

影響股價因素很多且不易掌握,故風險大

我們再回到公司本身來看。

股價的變動是因為人們對「未來」的業績期待或不安所影響,而不是由「現況」來決定的。

也就是說,你不能登上股票島只是數一數那棵樹長了最多果實而決定標的!

因為,現在的狀況任誰都了解,可是,明天呢?下周呢?明年呢?誰也無法確定未來的事情,因此,股票的投資波動一向很大,在沒有設限漲跌幅的地區(國內的漲跌幅一天設限7%)一周之內股價漲跌10%一點也不令人意外。

股價的形成過程中,投資大眾對其不確定的未來預測心理影響很大,但是,它有時只是一種大多數心理預期的反應,並不是真的未來一定會發生。至於這個「未來」究竟半年、一年或是三個月……也沒有定論,唯一能肯定的是,股價的變動比實際企業業績和景氣變動早。

這也就是股價一直很難被百分百預測的原因。

鈔票海洋的天氣＝景氣動向

天氣好的情況

如果島上風調雨順，個別椰子樹才有機會長得好。

天氣好的「景氣」狀況
公司業績突發猛進，股價也容易上漲。

天氣不好的情況

若島上天候多變不佳，再好的樹也難結實累累。

天氣惡劣「不景氣」狀況
再好的公司，業績也會惡化股價下跌。

Key Word

【股價形成】

股價的變動，不是簡單的由公司的業績和景氣動向決定，還有「想買進股票的人和想賣出股票的人有多少」這種供需關係所左右。不止是公司本身的業績好，還需要實際買進的買家增多，股價才會上漲。

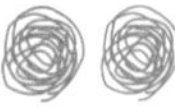

Lesson 06

股票島(2) 用腳觀察景氣

20年前第一次到投信公司櫃檯詢問「基金」這項新鮮商品時，銷售人員拿出一張景氣循環圖賣力的作解說，乍聽之下覺得好有道理也好簡單，但回家後，愈想愈覺得不對勁——

憑我一個小小投資人，怎麼會知道什麼時候景氣往上？什麼時候景氣往下？景氣往上走會走到什麼程度？往下走又會走到什麼程度呢？……

連我們自己生長的地方景氣究竟好不好，民間與政府的數字都常不相同了，再論到境外投資，要讀懂景氣不就更難了嗎？

景氣觀察法 最新數據+實際體驗

我們再回過頭看前面所提的一個等式：鈔票海洋的天氣＝景氣狀況。所以，換句話說，能夠了解鈔票海洋的天氣就可以預測景氣狀況。

針對這個問題，沒有放諸四海一定對的判斷方式，但可以有兩大方向，第一是運用網路蒐集公家單位與民間所發佈的資料；第二是用自己的腳、自己的眼睛作觀察。

如果景氣即將處於「景氣恢復」的情形，那麼，原本停滯不前、看起來要下雨的經濟活動，慢慢的就會轉向活躍。比如，經濟指標「製造業新接訂單」慢慢就會有起色，生產商品用的機器訂單也會隨著增加，不景氣時賣不出去而積壓在庫房裡的商品也慢慢銷售出去而使得商品的存貨變少，這是景氣恢復的徵兆。

當企業的訂單量變大之後，老闆們會計畫再增加人力，所以力才招募數量加，新蓋房子、汽車、冰箱、洗衣機等耐久材的出貨數量也會增加。

景氣的勢頭朝向上攀升的情況就是經濟進入了「景氣」的階段，生產物資的製造業、原物料產業就會趨於活躍，計算GDP總值就比上一期還要高，也就是整個社會的經濟活動頻仍、繁忙的進行著生產與消費。

景氣迴圈

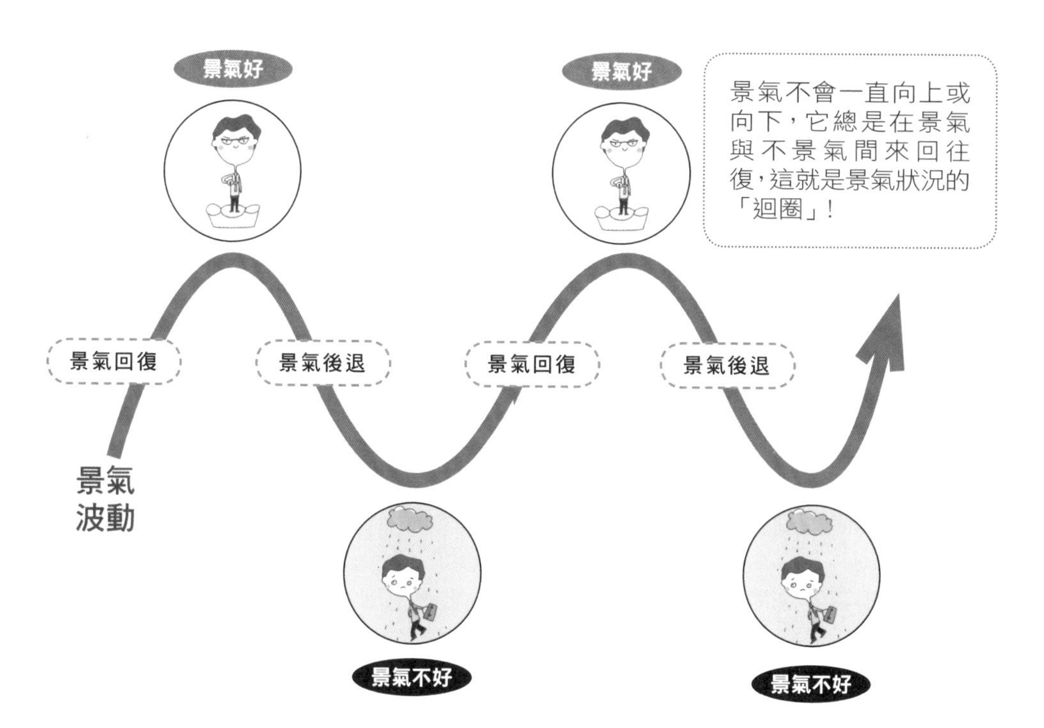

景氣也可以用腳感覺，百貨公司、馬路、市場閒談，都是觀察景氣的地點。

Key Word

【需求超過供給】

物品的價格是由需求與供給兩方面決定的，它放在任何商品都適用，只要是供給大於需求，價格就往下跌，相對的就往上走。

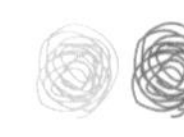

上過班的人都知道，當公司接獲大訂單、出貨暢旺的時候，企業盈餘變多，老闆就會將盈餘發給工作同仁，大家手頭有錢，消費起來就大方多了，家中的電視可能還沒有壽終，就會因為新的薄型電視推出而提早汰換，甚至於經常外食、購車換車……家計的消費支出也變多了，影響所及，販賣物品和服務的行業業績也會變好。

這種經濟的景氣狀況形成「需求大於供給」，物價會有上漲的趨勢。

然而，物價「過高」一旦高到一個程度，就開始需求逐漸減少的情況。

此時，曾經嚐過（或預期）商品將順利銷售的企業因為期待商品被大量的賣出而大肆生產，而導致存貨過多。如果到了這個地步，因為貨品賣不出去，企業也不想再繼續生產了，訂貨也會減少，庫存則增加。

所生產的商品賣不出去，意味著以製造業為首的企業，其生產活動開始停滯不前，社會也即將步入不景氣的時期。像這樣景氣（參考次頁圖解）一直不斷的循環著，能賺錢的金融商品也不斷的變化著。

投資五到——眼、口、心、手還有腳到

基金投資人除了必須具備基本的金融常識之外，還應該儘量做到以前讀書時候的「五到」——眼到、口到、心到、手到還有腳到。可別以為上上網找找資料，或問問熟門熟路的「專業人士」就穩當了，如果你投資國內基金，留意新聞與國內政經動向是必要的，如果你投資海外，最好方法就是親自利用旅行的時間「腳到」——事先上網蒐集該國的經濟數據，再親自到當地觀察，是不是到處正如火如荼的建設著呢？是不是百貨公司、三C賣場人們熱烈地討論著消費著呢？用餐時餐廳是否門庭若市呢？

走出小框框用「心」用「腳」觀察吧！

選對基金，用實際體驗法很有效

Key Word

【用腳做投資】

量子期金創辦人 Jim Rogers 曾經不止一次環遊世界，他說：「要從全球情勢中獲利最好的方法是一哩一哩的看世界。」

請別把「投資」這件事單純的只當成是「數字」或「線圖」，具備基本的解讀經濟能力之後，用眼睛觀察，用腳實地去體驗，或許你會發現，過去你以為是蠻荒之地的非洲竟然已經不是大動物園了；而被國內投資公司吹捧的某地區，其實並沒有想像中的好……。

如果透過網路或媒體也可以投資獲利，那麼，基金經理人就不需要拜訪上市公司，只要看報表就好了。所以，從現在起，走出去，當個有世界觀的投資人吧！

景氣循環四階段：

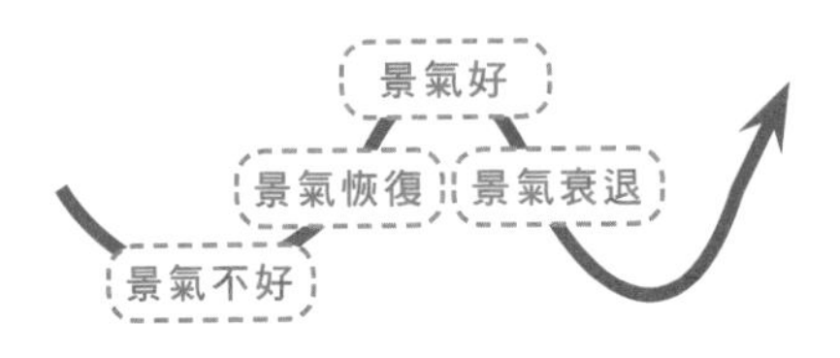

除了看數據，也可以這樣子觀察！

景氣好

訂貨增加達到機械全運轉狀態。新投資和僱傭增加。

景氣恢復

訂單增加，存貨減少，製造民生需求品的機械進口增加。

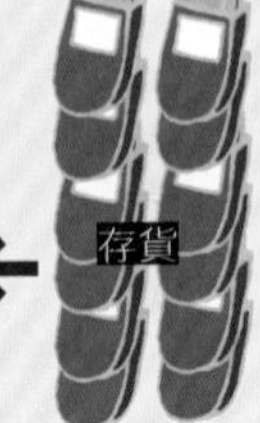

景氣衰退

商品的銷路不好，庫存增加。原物料、工資成本增多。

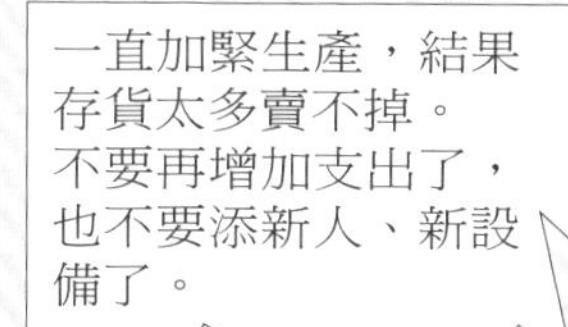

不景氣

訂單急劇減少，生產太多存貨堆積。僱傭不穩大家收入不佳，消費低迷。

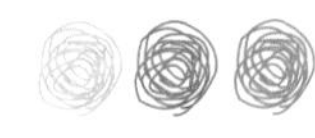
Lesson 07

股票島(3) 用網路查詢景氣位階

不止是公司個別的業績會影響股價，整個「股票島」今後的天氣變化也非常重要。所以，投入資金之前要預測景氣變化的情況才開始行動。

景氣好壞，影響股價最敏感

「景氣」的英文，最常用的單字是ECONOMY，也就是「經濟」，閱讀英文財經媒體看到ECONOMY SLOW DOWN它的意思就是景氣後退；而ECONOMY PICK-UP就是景氣復甦。

一般說來，外部的經濟景況活躍與否，對大型企業影響比對小企業影響還要明顯，打個比方說，一家社區型的小麵攤其業績受經濟景不景氣的影響會遠遠小於五星級的大飯店。因此，如果要進行投資活動，就不能只看小地方，還要由大環境來評估經濟的榮枯情況，因為「未來的景氣是好是壞」對於椰子樹（股票）的成長非常重要。

另外，即使現在景氣非常好，半年或一年之後也有可能惡化，在這種情況下，即使只有小部份的因素或消息是不好的，「股票島」上的居民，也會很敏感很悲觀的賣出股票。

預測將來景氣有可能變好，就是買進股票的重要依據之一。

那麼，專家們是依憑什麼標準來觀察景氣的動向呢？

GDP 是經濟強弱的重要指標

最具代表性的就是GDP（GRESS DOMESTIC PRODUCT），也就是「國內生產總額」，簡言之，GDP就是某個國家內的居民（包括外國人）新創造出來的物品或服務的附加價值總和。

如果GDP的值比前一年或前一期的數字增加，說明在這段期間內，企業與個人都用了很多錢，就表示這個區域或國家的經濟情況不錯；相對

看GDP等指標，判斷景氣位階

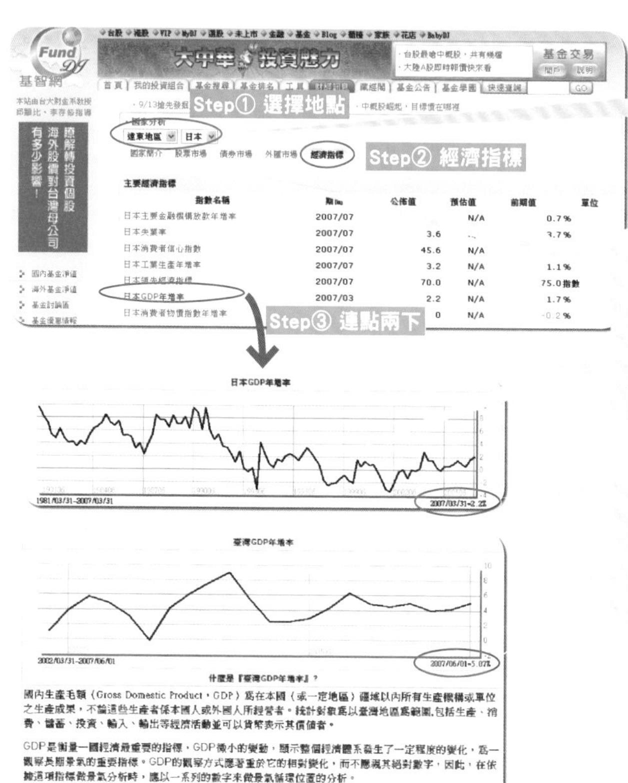

幾乎世界主要的經濟區域都可以在這裡找到資料。

GDP每季公布，若這一期比前期進步意味著景氣上升，若數字比前期退步意味著景氣下降。
連續好幾期數字減少意味著這個區域可能步入不景氣。

每一地區（國家）所採取的經濟指標均會有進一步的說明，不熟悉的投資人可詳細閱讀。
另外，也要注意日期。

在同一個網站，點選「經財訊息」→「最新公布指標」就能獲取最新的經濟指標資訊。

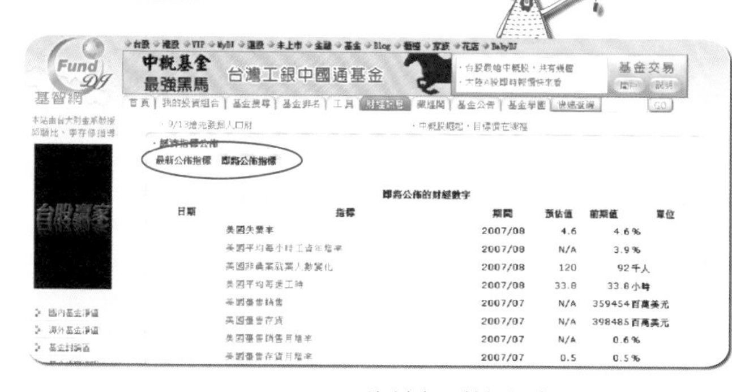

資料來源基智網（www.funddj.com）
首頁→基金→資訊「國際金融」→財經訊息「國家分析」→選擇國家「經濟指標」

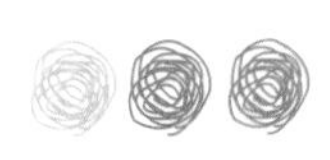

的，如果GDP的值減少了，說明全體國民處於「買進保守＋生產保守」顯然經濟的景況是衰退的。

GDP跟上一期相比，時而增加時而減少，反復的上下變動，如果GDP比前一期增加就是「景氣恢復」，如果景氣比前期減少就是「景氣後退」當減少的次數出現好幾次，就是前一節所提到的「不景氣」。

而景氣的狀況上下浮動呈現景氣恢復→景氣→景氣後退→不景氣，這就是常聽到的景氣循環。

股票投資當然要在景氣恢復之初期買進，並景氣高峰賣出。

現在上網就能輕鬆的找到各國的景氣位階，推薦投資大眾上Fund DJ基智網（www.funddj.com）加入免費會員，點選「財經訊息」→國家分析。就能看到大部份國家最新的重要經濟景氣訊息，因為每一個國家採用的指標不完全相同，將游標直接移到主要經濟指標上點兩下，就能看詳細指標說明。

如果你實在懶得自己一個經濟指標一個經濟指標的分析，可以直接點選「工具」→「景氣循環圖」很清楚就能看到整理好的景氣位階資訊了。

景氣的先行指標

此外，景氣先行指標也倍受關注，國內採取以下指標為判斷景氣好壞的警示訊號：包括貨幣供給M1B的變動率、放款金融變動率、票據交換金額變動率、製造業新接訂單指數變動率、海關出口值變動率、股價指數變動率、工業生產指數變動率、製造業成品存貨率變動率、非農業部門就業變動率等九項。

這個國家(地區)景氣嗎?

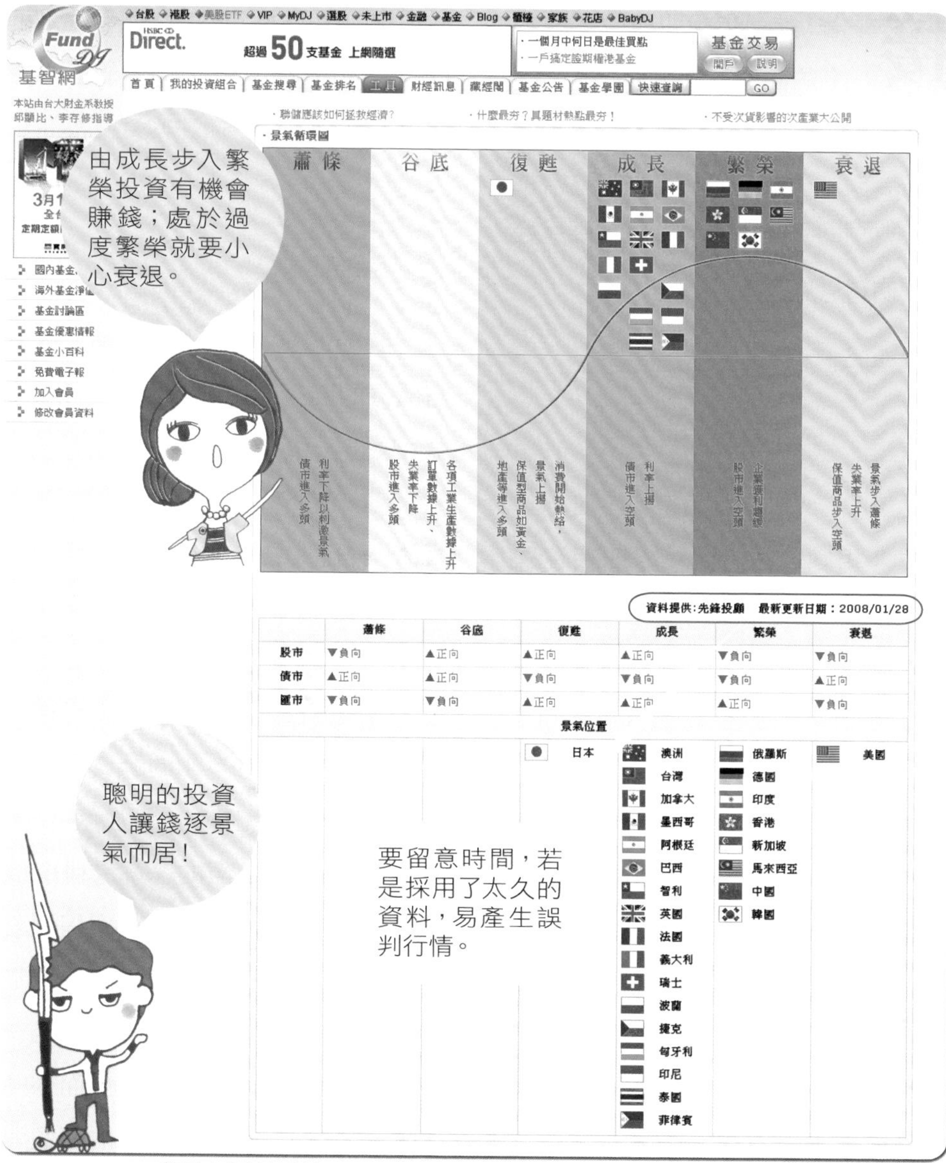

	蕭條	谷底	復甦	成長	繁榮	衰退
股市	▼負向	▲正向	▲正向	▲正向	▼負向	▼負向
債市	▲正向	▲正向	▼負向	▼負向	▼負向	▲正向
匯市	▼負向	▼負向	▲正向	▲正向	▲正向	▼負向
景氣位置			日本	澳洲、台灣、加拿大、墨西哥、阿根廷、巴西、智利、英國、法國、義大利、瑞士、波蘭、捷克、匈牙利、印尼、泰國、菲律賓	俄羅斯、德國、印度、香港、新加坡、馬來西亞、中國、韓國	美國

資料來源基智網(www.funddj.com)首頁→基金→資訊「國際金融」→工具「景氣循環圖」

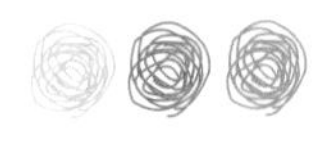

Lesson 08

債券島

債券島＝利息島

接著，進一步說明與股票島齊名的債券島。

債券，就是把錢借給別人的憑證。除了自己親友之外，把錢借給別人，總是要收利息的，所以，債券島就是一個利息島。

債券：一張可以轉賣的借據

債券交易與我們把錢存進銀行有很多相同的地方。大眾把錢存進銀行，就是把錢借給銀行，存款戶是根據銀行所公告的利率收取利息，定存等到時間一到，存款人就可拿回本金。債券的情形也是如此——投資人透過購買債券把錢借給債券發行機構，到期了，就能拿回自己的本金，這其間會有利息收益(也有零息債券)。債券與定存最大的不同點是投資人可以買進債券後，在債券還沒有到期前將債券轉賣給第三人，如果你是存款的話，就沒有把存款再轉賣給第三人的情況。所以，換句話說，債券就是可以轉賣的借據，它既是代表債權的憑證也是具有市場流通性的有價證券。

債券的分類

債券的種類有非常多種，若依照債券的發行端分類，大體上可以分為：政府公債、公司債及金融債，顧名思義，發行人為政府的就是政府公債，發行人是公司企業的就是公司債，發行人是金融機構的就是金融債。

買債券很大的一個目的就是獲取利息，若是由利息金額的計算方式來分，又可分為不配息的「零息債券」、每期領取相同金額的「固定利率債券」與利息所得隨著參考利率指標變動的「浮動利率債券」後兩者就像定存，但什麼是「零息債券」呢？它是一種發行期間債券不支付利息，而採貼現方式發行的一種債券，它的面額與

債券的投資方式

範例：票面金額100萬，固定利率5%，10年到期

這期間，債券可以買賣

第1年	第2年	第3年	第4年	第5年	第6年	第7年	第8年	第9年	第10年
領5萬	領5萬	領5萬	領5萬	領5萬	領5萬	領5萬	領5萬	領5萬	領5萬
(5%)	(5%)	(5%)	(5%)	(5%)	(5%)	(5%)	(5%)	(5%)	(5%)
利息	利息	利息	利息	利息	利息	利息	利息	利息	利息

拿回本金100萬

債券價格受市場利率影響最大：

市場利率上升↑=債券價格下跌↓
市場利率下降↓=債券價格上漲↑

投資人不一定是花100萬買下這張債券。要看買進當時的環境，尤其是市場利率，如果市場利率預期會升，通常債券價格就會跌，因為大家比較想把錢放在更具獲利的投資管道，只收取5%利息的債券就不那麼有吸引力了。

Key Word

【票面利率】

票面利率指債券發行條件上所記載的利率，也就是發行機構承諾要支付給債券持有人的利率。

票面利率的水準會依照發行機構的信用等級、發行時點、市場利率與債券流通性而決定。

【殖利率】

留心股票新聞的人對這三個字應該不陌生，就是把股利除以當時的股價就是股票殖利率，將殖利率拿來和銀行存款相比就知道投資股票划不划算。債券的殖利率道理也一樣，就是持有人從買入債券一直持有至到期日為止這段期間的實質投資報酬率。計算債券的殖利率一般會假設投資人把利息再滾入本金再投資，以計算這個再投資的收益率為殖利率。

發行價格之間的價差，就等於是投資人的利息。

舉例來說，如果一張面額100萬，年利率2%，期限十年的債券，那麼十年的利息是100萬×2%×10年＝20萬元，若是以零息債券發行，它的發行價就是80萬元。也就是說，你花80萬元費進這張債券，10年之後它可以領回票面價100萬元。

債券的價格變動

周圍的朋友常聽到有買賣股票的，但聽到頻繁買賣債券的就比較少，因為個人投資者通常不會買進債券後像股票般頻繁交易，但是法人機構尤其像銀行、證券公司或基金公司等等這些專業的投資家們買進債券後就會隨著景氣變動，不斷的把資金移轉到更有利潤的金融商品上，因此，持有債券的法人會頻繁的買進賣出，因此債券價格會有變動。

一般而言，若債券持有人期望的投資報酬率（到期殖利率）低於票面利率，就表示債券持有人不惜減少未來利息收入以換取債券的持有，這時，債券的價格就形成溢價。相同的道理，如果到期殖利率高於票面利率，債券價格就形成折價。

債券的價格與利率之間的關係有點小複雜，簡單來講，可以把它想成兩者之間呈反比，也就是說，市場利率上揚，債券價格下跌；市場利率下跌，債券價格上揚。

那麼，市場利率又是由誰決定的呢？

想要登陸債券島賺利息，就要再進一步清楚，那一個地區的市場利率在那一種情況之下會走高;那一個地區在那一種情況下利率會走底。當然，除了利息要高之外，另外，還要保證還得起錢才行，這部份就要評估它的債信如何。

登陸股票島與債券島的規則

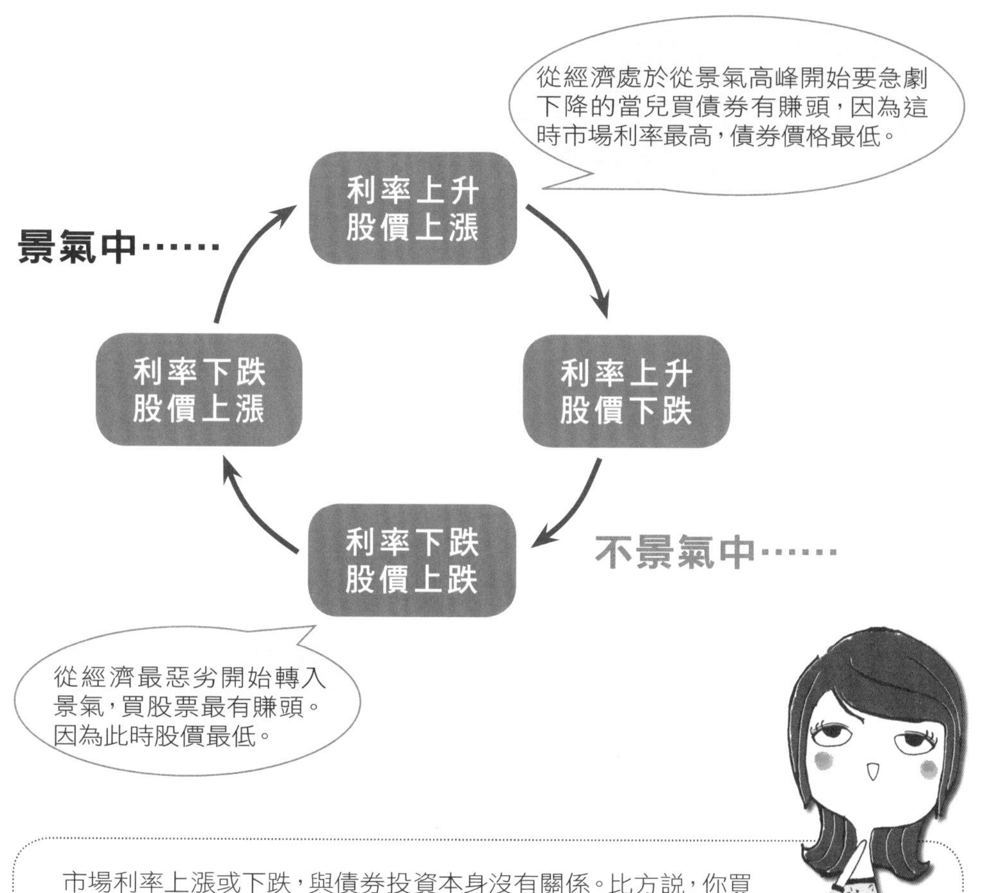

市場利率上漲或下跌，與債券投資本身沒有關係。比方說，你買了一張票面100萬的債券，票面利率是5%，期限是10年，那麼，不管外面的市場利率是走高還是走低，你的權益完全不受市場影響，還是每年固定收取5萬（5%）的利息。但回過頭來想一想，錢放在定存好端端的，為什麼你會想買債券呢？最簡單的理由是，市場利率可能只有2%，而債券利率有5%！那麼，如果市場利率一直走高，比方說現在市場利率已經是6%好了，你還會堅持投資債券嗎？不會吧！你可能會想辦法把它賣掉，把錢轉到另外的投資工具，如此，當大家都賣債券時，債券的價格就跌下來了。相對的，如果現在市場利率水準往下調成只有1%，你一定心想，那就多買點債券吧！它的固定收益有5%！如此，大家搶購債券，債券價格就會向上升了。

column

認識利率

雖然鈔票海洋變幻莫測，但它不會無緣無故的颳風下雨，也不可能有什麼神奇魔棒一點，某個地區或國家就立刻從狂亂的經濟變得有次有序，而這操控的手段最常用的就是利率。

利率與通貨膨脹的關係

短期利率受到貨幣管理機構(各國政府)的影響算是最直接也最大的。重點是，要了解貨幣管理機構為什麼要調整利率。

請理解這個公式:

名目利率－物價指數年增率＝實質利率

名目利率顧名思義，就是名義上的利率。譬如銀行定存年利率3.00%，這就是名目利率；實際利率又是怎麼一回事?

舉一個通貨膨脹的例子:如果年初一斤15元的麵條年底漲成16元時，通貨膨漲率就是6.7%(16/15×100%＝106.7%　106.7%－100%＝6.7%)，實質利率就是以名目利率減去通貨膨脹率，代表的是人們拿這些錢去買東西時真正的購買力。畢竟貨幣最後還是得換算成真正的購買力。若以我上述的條件來計算，實質利率＝3%-6.7%＝-3.7%，實質利率是負的。

當實質利率是負值時，表示物價上漲的速度過快，若負實質利率持續，會有消費過熱之虞，影響一國的經濟發展，因此，貨幣主管機關就可能採取調升利率措施。這是個簡單的數學公式：在物價指數年增率不變，名目利率上調，實質利率就下降了。另一面來說，如果物價並沒有變貴之虞，把名目利率調低一點，讓大家借錢輕鬆一點，人們就會多花點錢，就能刺激經濟活絡。

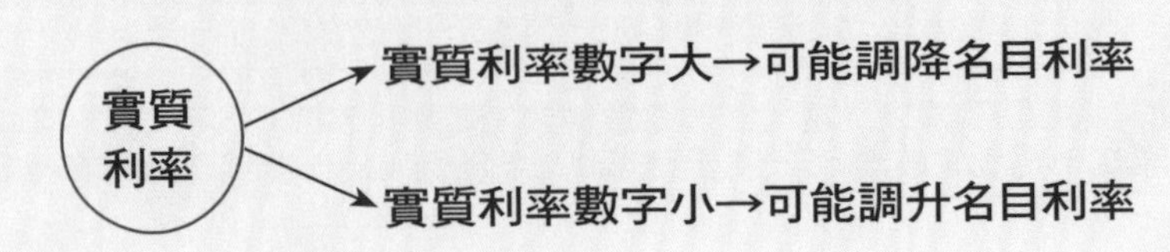

新興市場與已開發國家響利率浮動的因素不同

債券價格與利率呈反比，如果研判某個國家有利率上升之虞，投資該國的債券風險就變高了。

那麼，又該如何知道一國（或地區）物價波動的情況呢？

看政府公布的數字是一種方法，以國內為例，主計處每個月會發佈消費者物價總指數及躉售物價總指數。另外一種方法是透過實際的觀察，只要夠細心也能有所發現，就像前面的例子，一斤麵條年初跟年底的價格變動，也是觀察的方式之一。

若是不放心這種很沒有公信力的目測觀察，就再深入了解什麼是影響物價的要素。讀者只要記住兩大項就即了，第一是：原物料成本；第二是：勞動成本。

對於新興市場，原物料價格的變動對物價影響比較大，例如新興亞洲原物料價格直接影響了物價指數；至於已開發國家像是歐美，因為勞動成本幾乎佔了六成，所以勞動成本的變動對物價指數影響比較大。

政府財政不佳利率上漲機會大

此外，利率代表的就是取得資金的價格，當需求增加時，利率就會變高。而每一個國家最大的資金擁有與使用者就是政府本身，假設政府財政出現赤字，常用的方式是發行公債籌措資金，這時就表示流通在民間的資金變小，因為供給面變少，表示資金價格（利率）就會上漲，因此從這個角度看，當該國政府財政赤字愈大，利率上漲的機率就與幅度就愈大。相對的，政府若是錢多多，利率就有下調的趨勢。

此外，經濟發展對長短期利率均有影響，但對長期利率的影響程度比較大。經濟快速成長期因為民間與企業對金錢的需求變大，就會推升短期利率與長期利率；相反的，若是經濟發展情況變慢，企業對長期資金的需求不大，長期與短期利率都會不可能維持在高點。

column

信用評等

早在1900年開始，美國就對債券予以信用評等。目前全球有三大信用評等機構，分別是穆迪投資服務公司（Moody's Investor Service）、標準普爾公司（Standard & Poor's Corporation）、英商惠譽國際信用等公司（Fitch Rating Ltd.）。

債券評等等級是以違約的機率高低分級，等級愈高代表違約風險愈低，因此，投資人要求的報酬率就不可能太高；如果被信評機構評等為等級較低的債券，意味著風險就愈高，發行機構就必須以較高的利率發行債券。這跟我們借錢給別人，如果對方信用不佳，利息就要算高一點同樣道理。

國內也有我們自己的信用評等機構，但它不同於國際型的信評機構，僅代

圖1：中華信用評等　http://www.taiwanratings.com/tw/

A Partner of Standard & Poor's　繁體中文　English　網站導覽　登出

中華信用評等 Taiwan Ratings　檢索　送出

首頁　公司簡介　技術求助　信評熱線　付費會員註冊　評等等級定義　信評Q&A　研討會

6	麥寮汽電股份有限公司 Mai-Liao Power Corporation(債券發行)	twAA	twA-1+	相當強	穩定	2007/12/6
7	台灣化學纖維股份有限公司 Formosa Chemicals & Fiber Corporation(債券發行)	twAA	twA-1+	相當強	穩定	2007/12/6
8	台塑石化股份有限公司 Formosa Petrochemical Corp.(債券發行)	twAA	twA-1+	相當強	穩定	2007/12/6
9	台灣塑膠工業股份有限公司 Formosa Plastics Corporation(債券發行)	twAA	twA-1+	相當強	穩定	2007/12/6
10	南亞塑膠工業股份有限公司 Nan Ya Plastics Corporation(債券發行)	twAA	twA-1+	相當強	穩定	2007/12/6
11	台灣大哥大股份有限公司 Taiwan Mobile Co. Ltd.(債券發行)	twAA	twA-1+	相當強	穩定	2007/6/7
12	聯華電子(股)公司 United Microelectronics Corp.(債券發行)	twAA	twA-1+	相當強	穩定	2007/9/12
13	台灣糖業股份有限公司 Taiwan Sugar Corporation	twAA-	twA-1+	相當強	穩定	2007/6/7
14	和潤企業股份有限公司 HOTAI FINANCE CORPORATION	twAA-	twA-1+	相當強	穩定	2007/7/6
15	和運租車股份有限公司 Hotai Leasing Corporation	twAA-	twA-1+	相當強	穩定	2007/7/6
16	南亞電路板股份有限公司 Nan Ya Printed Circuit Board Corp.	twAA-	twA-1+	相當強	穩定	2007/6/7

表國內所有被評等企業相對於國內最佳債信機構的信用風險程度排名，而非與全球機構相對排名，所以，國際評等可以在不同國家間比較，但不同國家的國內評等就沒有辦法互相比較。

國內有三家較具規模的信用評等公司，不同評等的機構會在評級符號加註不同的代碼，中華信用評等公司加註「tw」（如圖1）、英商惠譽國際信用評等股份有限公司台灣分公司加註「twn」、穆信用評等股份有限公司加註「.tw」（如圖2），以上均標示出這項評等只限於國內的信用評等，而非國際信用評等。

了解債券評等很重要嗎？舉個例子來說，你要把錢借出去，總得要考慮對方到底信用如何吧！而這些信用評等機構就是專門從量化、質化的不同角度為企業、銀行、基金甚至國家的信用狀況打分數。

圖2：穆迪台灣網站　http：//www.moodys.com.tw/

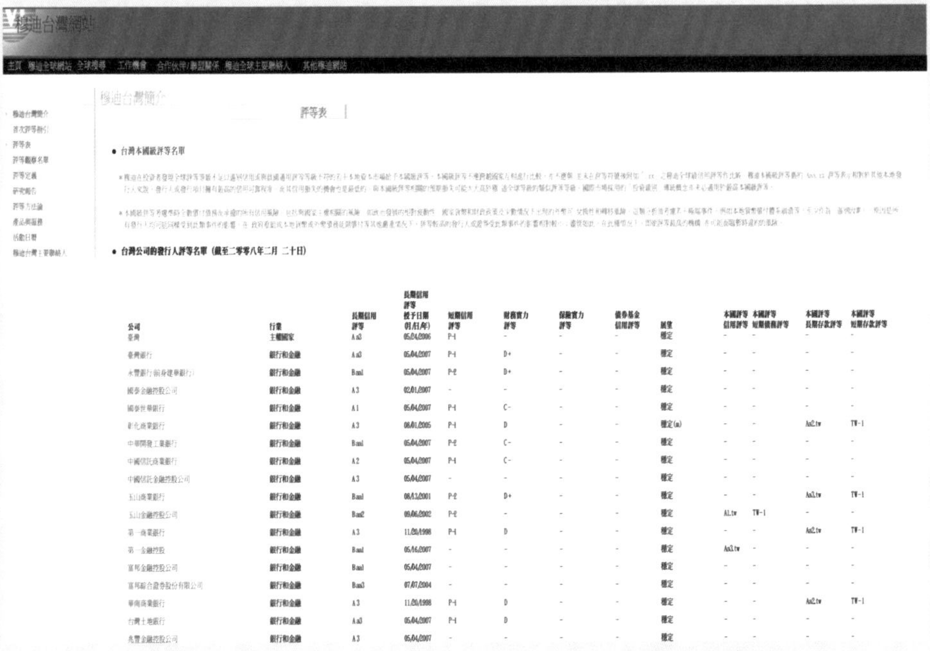

穆迪台灣網站

主頁　穆迪全球網站　全球搜尋　工作機會　合作伙伴/聯盟關係　穆迪全球主要聯絡人　其他穆迪網站

穆迪台灣簡介

- 穆迪台灣簡介
- 首次評等指引
- 評等表
- 評等觀察名單
- 評等定義
- 研究報告
- 評等方法論
- 產品與服務
- 活動日曆
- 穆迪台灣主要聯絡人

評等表

● 台灣本國級評等名單

● 台灣公司的發行人評等名單（截至二零零八年二月 二十日）

公司	行業	長期信用評等	長期信用評等授予日期(月/日/年)	短期信用評等	財務實力評等	保險實力評等	債券基金信用評等	展望	本國評等信用評等	本國評等短期債務評等	本國評等長期存款評等	本國評等短期存款評等
臺灣	主權國家	Aa3	05/24/2006	P-1	-	-	-	穩定	-	-	-	-
臺灣銀行	銀行和金融	Aa3	05/04/2007	P-1	D+	-	-	穩定	-	-	-	-
永豐銀行(前身建華銀行)	銀行和金融	Baa1	05/04/2007	P-2	D+	-	-	穩定	-	-	-	-
國泰金融控股公司	銀行和金融	A3	02/01/2007	-	-	-	-	穩定	-	-	-	-
國泰世華銀行	銀行和金融	A1	05/04/2007	P-1	C-	-	-	穩定	-	-	-	-
彰化商業銀行	銀行和金融	A3	08/01/2005	P-1	D	-	-	穩定(m)	-	-	Aa2.tw	TW-1
中華開發工業銀行	銀行和金融	Baa1	05/04/2007	P-2	C-	-	-	穩定	-	-	-	-
中國信託商業銀行	銀行和金融	A2	05/04/2007	P-1	C-	-	-	穩定	-	-	-	-
中國信託金融控股公司	銀行和金融	A3	05/04/2007	-	-	-	-	穩定	-	-	-	-
玉山商業銀行	銀行和金融	Baa1	08/13/2001	P-2	D+	-	-	穩定	-	-	Aa3.tw	TW-1
玉山金融控股公司	銀行和金融	Baa2	09/06/2002	P-2	-	-	-	穩定	A1.tw	TW-1	-	-
第一商業銀行	銀行和金融	A3	11/20/1998	P-1	D	-	-	穩定	-	-	Aa2.tw	TW-1
第一金融控股	銀行和金融	Baa1	05/16/2007	-	-	-	-	穩定	Aa3.tw	-	-	-
富邦金融控股公司	銀行和金融	Baa1	05/04/2007	-	-	-	-	穩定	-	-	-	-
富邦綜合證券股份有限公司	銀行和金融	Baa3	07/07/2004	-	-	-	-	穩定	-	-	-	-
華南商業銀行	銀行和金融	A3	11/20/1998	P-1	D	-	-	穩定	-	-	Aa2.tw	TW-1
台灣土地銀行	銀行和金融	Aa3	05/04/2007	P-1	D	-	-	穩定	-	-	-	-
兆豐金融控股公司	銀行和金融	A3	05/04/2007	-	-	-	-	穩定	-	-	-	-

column

不管是企業或國家的評等都是「現在進行式」也就是說，當受評等地區（或企業、機構），如果出現有利因素，該企業的評等就會上升；相對的如果發生不利因素，會使評等下降。因此投資前要查詢最新資料。

以債券投資為例，國際三大信用評等機構的粗分類如下：

	投資級債券				投機級債券		
標準普爾（S&P）/惠譽（Fitch）	AAA	AA	A	BBB	BB	B	CCC~D
穆迪（Moody's）	Aaa	Aa	A	Baa	Ba	B	Caa~C

除了個別企業的信用評等之外，基金（見圖3）、銀行甚至國家都有評級供投資人參考（見圖4）。這些信用評等只提供信用品質的意見，並無法當成投資建議。事實上，有許多投資人因為實質收益率高反而偏愛信用等級較低的投機級債券。投資就是這麼一回事，想享受高報酬就得冒風險。

圖3：境外基金資訊觀測站　http：//announce.fundclear.com.tw/
→首頁→基金基本資料

基金基本資料　銷售資訊　基金淨值　投資人須知　公告訊息　其他投資訊息

▿ 駿利資產管理基金-駿利美國短期債券基金B1 USD (Janus Capital Funds Plc- Janus US SHORT TERM BOND FUN

■ 基本小檔案			
基金代碼	JANSTB1		
基金類股中文簡稱	駿利美國短期債券B1 USD		
基金類股前一名稱(中文)	駿利資產管理基金-美國短期債券基金B1 USD		
基金類股前一名稱(英文)			
總代理	B0021 友邦證券投資顧問股份有限公司		
傘型架構	是	傘型名稱	駿利資產管理基金
基金生效日	2006/07/31		
基金註冊地	愛爾蘭	基金狀態	正常
基金成立日	1998/11/27	基金幣別	美元
基金類股規模(百萬)	3.516969	基金類股規模日期	2007/10/31
基金規模(百萬)	50.532007	基金規模日期	2007/10/31
基金規模幣別	美元		
■ 基金經理人及銷售資訊			
基金經理人			
境外基金機構代號	044-駿利資產管理國際有限公司(JANUS CAPITAL INTERNATIONAL LIMITED)		
股務代理機構	BISYS		
保管機構	Brown Brother Harriman Trustee Services (Ireland) Limited		
保管機構信評公司	Fitch Ratings Ltd.		
保管機構長期信評	F1		
保管機構短期信評	A+		
ISIN CODE	IE0031119542		
■ 基金種類			
基金種類	固定收益型 / 複合債	基金型態	開放公司型
投資區域	單一國家 / 美國		

圖4：鉅亨首頁 http：//www.cnyes.com/

→鉅亨金融
→債券
→國家主權評級（長期外幣債信評級）表

亞洲&大洋洲

國家名稱	標普 日期	標普 評級	標普 展望	穆迪 日期	穆迪 評級	穆迪 展望	惠譽 日期	惠譽 評級	惠譽 展望
阿拉伯聯合大公國				2006/10/04	Aa2	穩定			
亞美尼亞				2006/07/24	Baa3	穩定			
澳大利亞	2006/11/16	AAA	穩定	2006/05/24	Aaa	穩定	2006/09/29	AA+	穩
亞塞拜然				2006/09/14	Baa2	穩定	2006/01/24	BB	穩
庫克群島	2006/12/17	BB-	正向						
中國大陸	2006/07/27	A	穩定	2007/05/30	A2	正向觀察	2006/09/14	A	正向
賽普勒斯	2007/03/07	A	正向	2006/05/24	Aa1	穩定	2005/11/01	A+	正向
斐濟	2006/11/08	B+	負向觀查	2006/12/06	Ba1	穩定			
巴林	2006/04/05	A	穩定	2006/10/04	A1	正向	2006/08/17	A-	正向
香港	2006/07/27	AA	穩定	2007/05/30	Aa1	正向	2006/07/25	AA-	正向
印尼	2006/07/26	BB-	穩定	2006/05/18	B1	穩定	2006/02/13	BB-	穩定
蒙古	2006/12/22	B+	正向	2006/05/24	Ba2	穩定	2006/09/01	B+	穩定
澳門				2006/05/24	Aa1	穩定			
馬來西亞	2006/05/25	A-	穩定	2006/05/24	A3	穩定	2006/11/20	A-	穩定
紐西蘭	2006/11/14	AA+	穩定	2006/05/24	Aaa	穩定	2006/09/28	AA+	穩定
阿曼	2007/01/23	A	穩定	2006/10/04	A1	正向			
巴布亞紐幾內亞	2006/12/22	B	穩定	2006/05/24	Ba2	穩定	2004/04/14	B	穩定
菲律賓	2007/05/18	BB-	穩定	2006/11/02	Ba3	穩定	2006/02/13	BB	穩定
巴基斯坦	2006/12/19	B+	正向	2006/05/24	Ba3	穩定			
卡達	2007/03/06	AA-	穩定	2006/10/04	Aa2	穩定			
沙烏地阿拉伯	2006/04/05	A+	穩定	2006/09/07	A1	正向觀察	2006/08/17	A+	穩定
新加坡	2007/06/15	AAA	穩定	2006/05/24	Aaa	穩定	2006/06/16	AAA	穩定
泰國	2006/10/31	BBB+	穩定	2006/05/24	A3	穩定	2006/10/23	BBB+	穩定
土庫曼				2006/05/24	B1	穩定			
土耳其	2007/02/22	BB-	穩定	2006/05/24	Ba1	穩定	2005/12/06	BB-	正向
台灣	2005/12/21	AA-	負向	2006/05/24	Aa3	穩定	2006/11/13	A+	穩定
越南	2006/09/07	BB	穩定	2007/03/15	Ba2	正向	2003/11/06	BB-	穩定

評等展望說明

正向（Positive）-	表示該評級可能升級
負向（Negative）-	表示該評級可能降級
發展中（Developing）-	表示事件尚在發展中，狀況未明評級可能升級亦可能降級
穩定（Stable）-	代表該評級不致於有所變動

第1篇—鈔票海洋

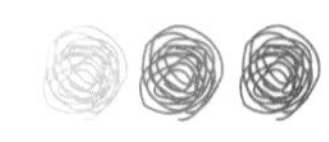

Lesson 09

外匯島(1) 外匯變動的基本因素

買基金的時候，應該研究過匯率升貶的問題吧！至少也曾被銷售人員詢問過，要採取外幣計價還是新台幣計價（如果買海外基金的話）。

這其中有什麼差別呢？

貿易與人氣度影響匯率的變動

走出國內開始鈔票海洋之旅，第一步是把我們所熟知的新台幣換成國外流通的貨幣。

五個島嶼中，外匯島擔當著聯繫國與國和其他島嶼間的紐帶角色。首先，先了解為什麼匯率會變化？

其中一個原因就是貿易。

比如，國內企業向美國出口商品，出口商收取美元當成貨款。不過，台灣的工作人員的薪資不能付美元，需要將賺得的美元換成新台幣。這樣一來，買進新台幣賣出美元的需求增加，新台幣就升值。

另一個重要因素是國家人氣度。

說到「人氣度」，可能是一個很含糊的說法。不過，在這個「地球是平的」的時代，這一點很重要。

當某個國家經濟很景氣，向這個國家投資充滿獲利機會。如此一來，其他國家的人都想兌換該國貨幣，那個國家的貨幣就會升值。這就像我們在搶購某種商品的道理是一樣的。人氣匯聚，商品（貨幣）就升值。

另外，匯率變動的原因之一是「利率差」，也是「人氣度」的一種表現。舉個比較極端的例子，「把錢存在長期利率只有1%的日本相比，長期利率達3%的歐洲和長期利率4%的美國更划算。」所以，日本過去幾年投資外匯的比例相當高。

這個道理很容易理解，相較於日本或台灣，把錢放在美國或歐洲並不會讓人不放心（可以參考前面介紹的信用評級），在這樣的基礎下，錢存在歐美利息比較高，人們心態當然是把

走出國門，第一站就是外匯島

走出國門從事任何經濟活動包括民生消費、旅行、買股票、債券、不動產、商品、貨幣等等，第一站就是先到「外匯島」。

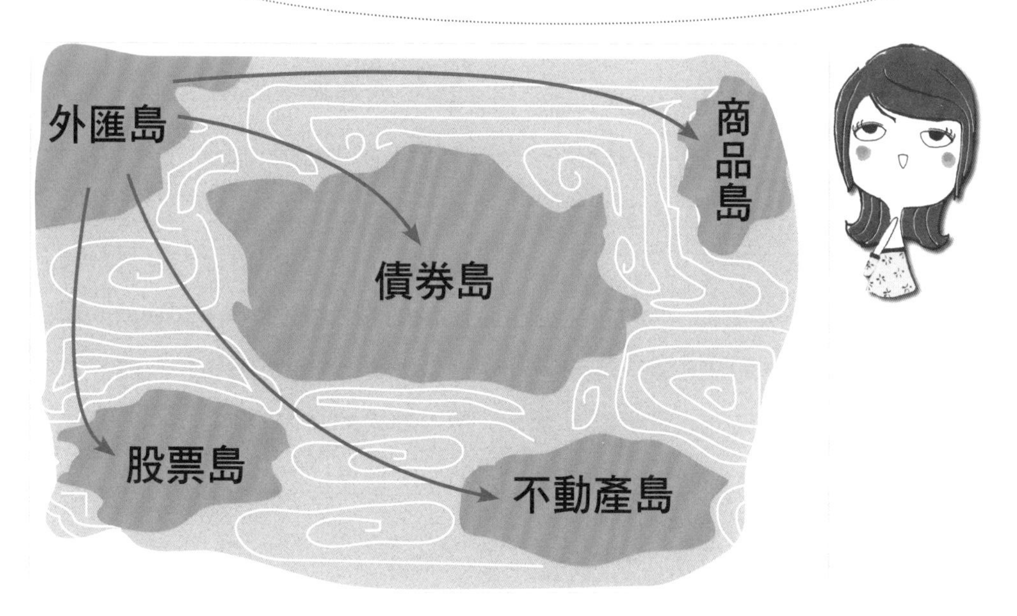

Key Word

【利率差】

在利率高的國家投資比較划算，所以利率高的國家貨幣處於升值趨勢中。

錢存到那裡了。如果大家都這樣想，每個人都把手中的新台幣（或日元）賣掉換成美元或歐元，東西有人搶著要價格自然就變貴，所以，美元就升值了。由這個角度看，可以得到另一個結論:市場利率高，因為該國的貨幣人氣變好，貨幣就變貴(先不考慮其他因素)。

就如大家所知道的，美國向來都是個貿易赤字國，即使如此，美國過去並沒有因為國家年年入不敷出而導致急劇的美元貶值，這是因為人們認為美國這個國家「當成投資物件還是很有魅力」，想要投資美元的投資者對美元的購買需求旺盛。

除了貿易和人氣度之外，政府的外匯介入等各種各樣的原因都會影響到「外匯島」。

以鄰近的中國為例，中國正處於鉅額貿易黑字的繁榮時代。中國的貨幣——人民幣上升並不足為奇。但是，中國政府卻曾經透過外匯介入方法，讓人民幣維持在較低的匯率水準。

世界走勢是美元低歐元高

以前只要發生戰爭，大家就會搶美元。但是，現在情勢不完全如此，美國因為伊拉克戰爭，自己成了戰爭的當事人，身為第二世界主要貨幣的歐元趁勢上漲。各國貨幣的升貶關係著基金投資人的資產，投資人要慢慢的習慣用全世界鈔票海洋的眼光看待自己的投資。

2008.3.8歐元/美元 最新匯價:1.535

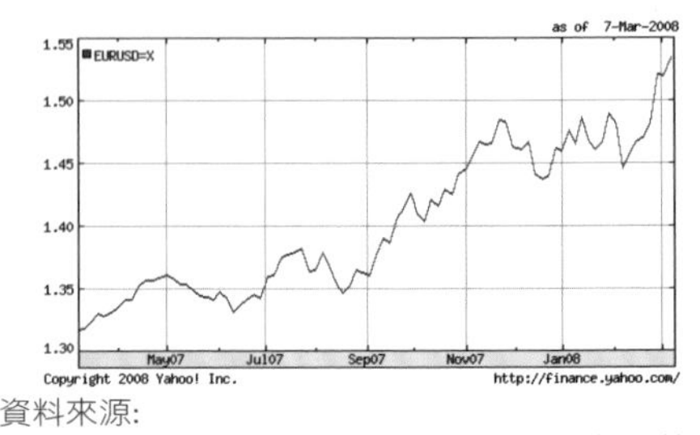

資料來源:
雅虎奇摩→理財→國際市場→外匯→歐元/美元

影響匯率升貶的可能因素

貨幣匯率上漲

- 生產發展
- 財政情況良好
- 外貿出超
- 物價穩定
- 外匯收入豐富

除了這些因素外，國際局勢、外匯市場投機、國際收支調節、利率政策、通膨等都會影響一國匯率的升貶。

貨幣匯率下跌

- 生產低落
- 財政情況不好
- 外貿入超
- 物價不穩定
- 外匯收入不佳

Key Word

【美元貶值】

近幾年，相對于以歐元為首的主要貨幣（日元除外），美元持續貶值。原因在於，美國的鉅額經常赤字，以及陷入了2003年3月開始的伊拉克戰爭的泥潭。

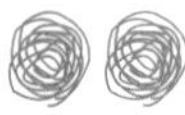

Lesson 10

外匯島(2) 幣值升貶也有好壞之分

看了前一節外匯升貶，乍讀之下可能會有「升值是好事，貶值是壞事」的印象。其實不是這樣子的，世界經濟往往沒有「絕對」這回事，尤其是「外匯島」更要考慮到相對一方的存在。如果把眼光放在國內，不知不覺的就只以台幣升值或貶值的視角去看待匯兌。

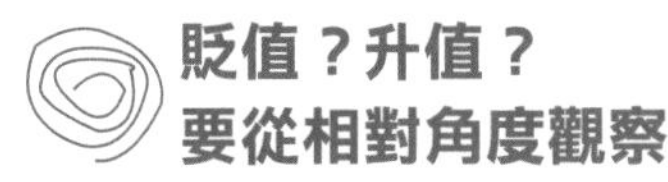

貶值？升值？要從相對角度觀察

換個角度看：從美國人的立場「新台幣升值就是美元貶值」，「新台幣貶值就是美元升值」。

因此同樣是新台幣貶值，有可能是因為「美國經濟景氣，美元變強，結果導致新台幣貶值」，或者「台灣的未來令人悲觀，全世界都在賣台幣，從而導致台幣貶值」。

這兩種情況意義完全不一樣。

簡單來說，同樣是新台幣貶值，有好壞之分，同樣是新台幣升值，也有好壞之分。

首先，「良性台幣升值」是指國內經濟處於絕好時期，全世界的人們都想向台灣投資買進台幣。此時，國內股票多半會上漲，這是適合股票投資的台幣升值。

相反，「惡性台幣升值」是指美國經濟處於低谷，持悲觀態度的世界投資者都想賣出美元，使得美元貶值，因為美元貶值相對之下台幣升值。若是這種情況，向美國出口從而獲得大量利潤的台灣，經濟反而預計變得更不景氣，國內股票也將被賣出。

惡性台幣貶值時就是台幣被拋棄的時候

「良性台幣貶值」是指美國經濟處於絕好時期，美元升值，相對之下台幣貶值。如此，由台灣的所生產的商品在美國接二連三的被賣出，企業收益不斷增加。對於台灣經濟來講，反而是令人舒坦的良性台幣貶值。

良性、惡性的台幣升貶

同樣是台幣升值（貶值），對台灣的經濟來說，也有良性與惡性之分。

O 良性升值

國內經濟非常景氣，導致台幣升值。

X 惡性升值

美國經濟非常不景氣，美元貶值，導致台幣升值。

O 良性貶值

美國經濟非常景氣，美元升值，導致台幣貶值。

X 惡性貶值

國內經濟非常不景氣，導致台幣貶值。

Key Word

【利率與幣值】

利率下降所得的利息收入會變少，國家貨幣的人氣度會減退，價格就變便宜了，也就是貶值的意思。試想，在不慮風險的情況下，如果A國的利率是1%，B國利率是8%，你當然會選擇B國進行儲蓄，如此，B國的貨幣人氣度就變高了，幣值就升值了。

「惡性台幣貶值」是指人們判斷台灣政治、經濟情況未來不佳，於是台幣被賣出。這種情況下，台灣鈔票海洋上的「股票島」、「債券島」都會受到暴風雨襲擊。若是這樣的話持有台幣本身就是一種風險。如果你是投資人，這個時候就要積極持有外幣計價的各項金融商品。

綜上所述，外匯交易要用世界性的相對眼光去看為什麼台幣上漲或下跌，這一點很重要。

投資外匯的基本戰略

這麼說來，登陸「外匯島」應該以什麼根據為基礎呢？是利率差呢？是貿易收支？還是政府的外匯介入？還是有沒有戰爭和恐怖襲擊？

要準確的預測短期的匯率變動得時時留意國際新聞，一般投資人則可以用一種簡單的歷史數字判斷法。由於比起個別企業，國家的經濟穩定度是比較高的，外匯長期的操作方式可以觀察近十年內新台幣和美元（或其他貨幣）的匯兌關係。以右圖1為例，它顯示了近十年內新台幣和美元的匯兌變化，台幣近10年大約在35到30元間，如果台幣已經來到30元的高價了，就可以「猜」，台幣下跌的機率比較大；如果台幣已經跌到35元，就可以「猜」台幣上漲的機率比較大。

這樣「偷吃步」的方法不一定「賭」得對，但可以這個方法當成基礎。也就是說，除非有更具說服力的理由，否則，台幣已經在上漲達到30元附近買海外基金就採美元計價比較好。如果跌到35元附近買海外基金採台幣計價比較好，其他的貨幣也是如此。

台幣計價?外幣計價

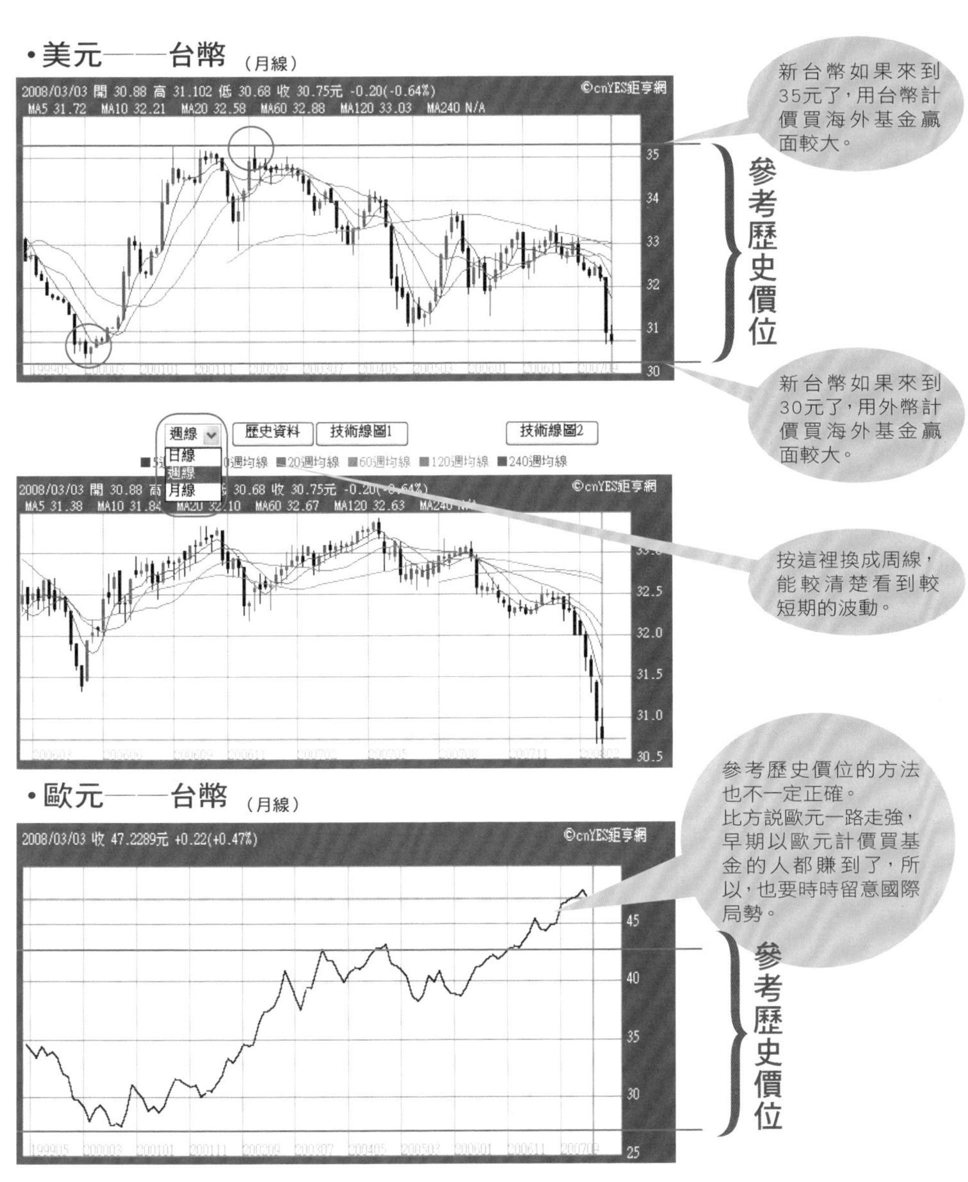

資料來源鉅亨網（www.cnyes.com） 首頁→金融中心「外匯」→國際匯市→點選匯市名稱

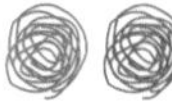 Lesson 11

商品島(1) 戰爭與經濟！

這幾年「鈔票海洋」中的「商品島」格外繁榮。一說到商品，最值得關注的是原油。

曾經想過嗎？利用人的死亡以獲取股價的上漲！這種事情聽起來極為殘酷，但就某個角度來說，這就是鈔票在汪洋大海中的「本性」。

要一窺鈔票海洋殘酷一面，先了解五島中商品島的狠角色——原油。

原油，也許你暫時很陌生，但未來幾年，只要你還航行在世界鈔票海洋上，就得慢慢熟悉它！現在，就從2003年的波斯灣戰爭談起！

發動戰爭 提振疲弱的經濟？！

2003年美國發動波斯灣戰爭，不但推翻了被稱為獨裁者的政權，還成功的擺脫了自911恐怖攻擊以來的經濟低迷情況。發動戰爭與促進美國經濟繁榮有沒有直接的效益呢？

這一點爭辯是沒有用的，因為戰爭需要大量的飛機、輪船、運輸、物資以及石油，因此經營上述這些產品的企業其股價將會上漲，包括世界的石油公司價股也大漲。這是個簡單的邏輯與事實，雖然看起來是用了人類的死亡來換取股價的上漲，聽來很殘酷，而這就是鈔票海洋的天性。

新興國家經濟變好了 「商品島」愈來愈重要

此外，「新興國家」包括中國、巴西、俄羅斯、印度等發高速經濟發展也推動了原油的價格。

以中國為例，任誰都知道這幾年中國經濟硬體的發展有多麼的快速。別的不說，中國城市現在汽車滿街跑，跟早年騎著灰撲撲的腳踏車已經不同，更別說到處林立的高樓大廈，而隨著經濟起飛，人們不再滿足於「吃飽」這件事，農產品、基礎建設的原物料也大量需求，進一步推升商品島上各項物資的價格。

動盪的局勢，石油價格上漲。

原油價格變化 → 局勢動盪 → 大漲！

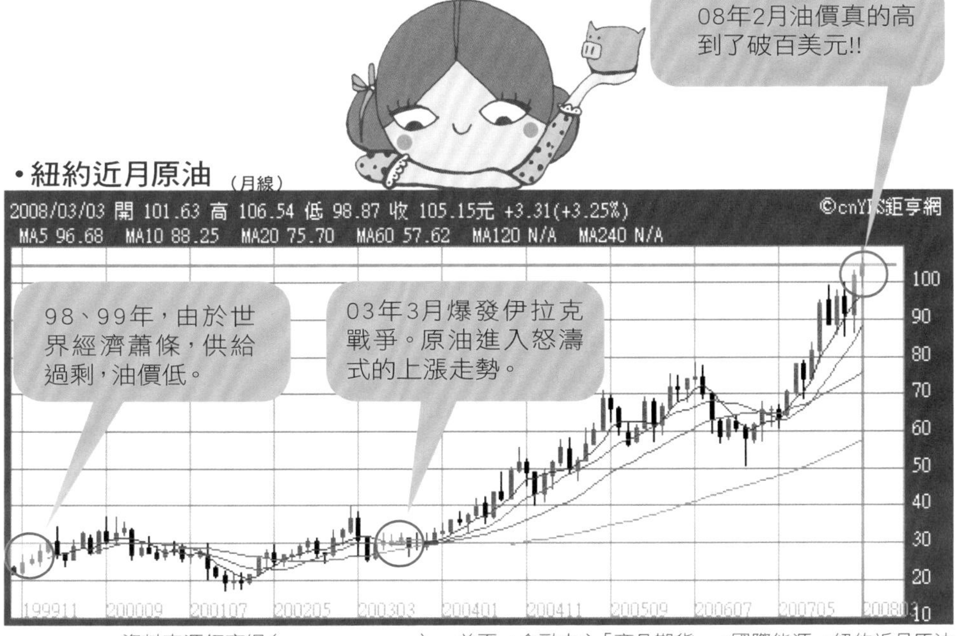

資料來源鉅亨網（www.cnyes.com）　首頁→金融中心「商品期貨」→國際能源→紐約近月原油

油價好，這些股價也會好－

・機械設備建設公司、重機製造公司

・替代能源和環境相關技術

第1篇—鈔票海洋

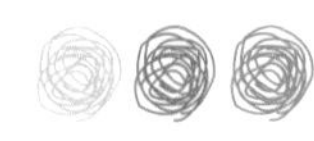
Lesson 12

商品島(2) 如何追逐石油鈔票！

原油高價有負面影響，但也有積極面。

因為受惠於高價原油的產油國，將賺得的鈔票透過證券或直接投資世界各國的金融商品，會形成「石油維持高價→石油鈔票活躍化→世界股票市場興旺起來」的正向經濟迴圈。

石油上漲後，什麼股票有賺頭？

近年油價格上漲如此快的原因除了中東國家形勢緊張、BRICs金磚四國等各新興國的快速經濟發展外。還有一個因素就是全世界的「鈔票剩餘」——當各國都紛紛調降利率，讓借錢變得很容易、成本很低時，可想而知「鈔票海洋」的水位必然上漲，鈔票蜂擁而至的結果看漲的商品市場也順勢掀起巨浪翻滾。反觀，2006年原本高漲的原油價格卻下跌相信與歐美各國紛紛調漲利率不無關連。(參考P57圖)

換句話說，如果全世界的金融都採緊縮政策，商品市場就有可能泡沫化，包括氣勢兇悍的對沖基金（hedge fund）的投資勢頭也會變弱。

這些微妙的變化對基金初學者而言，也許有一點難度，但既然選擇投資，應該慢慢的熟練它(利率問題請參考第二章)。

2008年初，原油價格已經上漲到破百美元，未來如果漲勢還持續，除了可以購買國際石油開發的概念基金外，世界各地的油田和礦山開發將也有機會進一步發展。還有原油豐富的國家像俄羅斯、東歐也是可以考慮的標的。

石油鈔票影響的不止是油本身，包括黃金與機械設備建設公司、重機製造公司的股票將上漲。因此，跟原油漲價的同時，擁有替代能源和環境相關技術的企業也倍受關注。此外，替代能源、節省能源與環保相關基金也會同屬大熱門。

黃金大波段的行情變化與時勢

黃金價格變化 → 局勢動盪 → 大漲！

黃金涨到逼近千美元!!

• **黃金現貨**（月線）

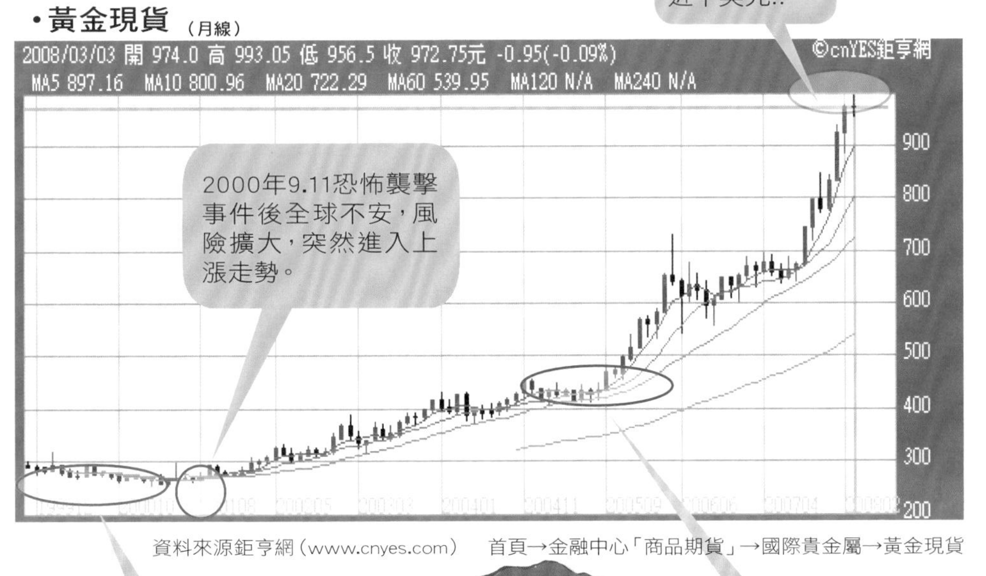

資料來源鉅亨網（www.cnyes.com）　首頁→金融中心「商品期貨」→國際貴金屬→黃金現貨

90年代後半期，金價低迷。

突破海灣戰爭時期的400美元。06年開始急速上漲。

石油上漲後，除了石油公司股價外，資源公司的股票也會價格上漲！

Lesson 13

商品島(3) 石油在經濟中的迴圈！

有句話說「福兮禍所倚，禍兮福所倚」用在經濟循環上更是貼切。當經濟朝著一面高速發展時，伴隨而來的就是「通貨膨脹」。

一面來說，因為戰爭石油需求量增加，另一面來說，因為新興國家發展快速也加速耗掉資源，於是原油價格就一再上升，因為油價貴，消費者物價指數（CPI）攀升。美國就必須調高利率以降低通貨膨脹壓力。

石油價格攀升，是誰獲利呢？當然是產油國！所以產油國受惠於高油價而促進了經濟的繁榮。

只要是經濟繁榮都是好的嗎？

且不探討國際間的歷史情節，但世界上的確存在著不少「反美民族主義」，這些反美區域又幾乎都是產油國。當痛恨一個人，窮時只是心裡罵罵，但如果具有優勢尤其是有錢，通常就不能滿足心裡罵罵，所以，產油國賺了大錢後便強化了反美情緒。

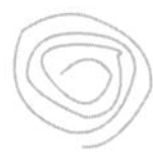

地理政治學的危機

因此石油很微妙的在經濟迴圈中形成「戰爭→油價變貴→美國賺錢→反美國家也賺錢→反美民族主義抬頭→資金用於恐怖組織→戰爭」的循環。

身為世界經濟中心的美國為了穩住與美敵對的產油國因高油價而受惠太多，必然以人為的因素讓經濟減速（例如調高利率）於是股價就下跌。對一般投資人而言這時就要買進高利率的債券比較划算。

但是，也有一種情況是原油維持高價，物價持續上漲，貨幣價值下跌，於是通貨膨脹時代來臨，對一般投資人而言，這時就要買進抗跌保值的不動產與黃金。像這樣，根據現實分析局勢，掌握住鈔票海洋的動向，是投資的基本功課。

石油高價有其背景因素，萬一這個背景因素消失了，或勢頭減弱投資人就得機敏的見風轉舵！

戰爭與和平，買什麼有效？

•石油在經濟迴圈所扮演的角色之一

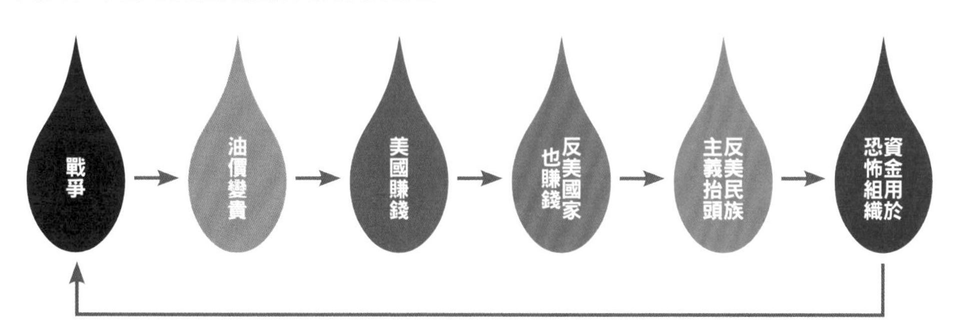

•原油與投資

——原油所引發國際局勢不同，有效益投資標的也就不同

情況1	美國為不讓產油國賺太多，採人為因為讓經濟減速。（如：調高利率）	引發效應	股價下跌	宜買	高利息債券
情況2	維持高油價，通貨膨脹時代來臨	引發效應	貨幣不值錢	宜買	黃金不動產

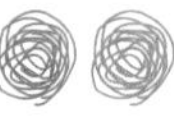 Lesson 14

鈔票海洋有一個水龍頭

錢（鈔票）也是商品的一種，它的運動規則跟任何商品一樣，適用於供需原則，也就是當需求增加大於供給時，價格就會變高；當供給增加大於需求時，價格就會變便宜。

從事經濟活動首先需要的是錢。所以，當經濟活動頻繁的時候，社會上對金錢的需求就會增加。因為想要錢的人增加了，在市場上的鈔票不變的情況下，鈔票的借貸利率就上漲了；相反的，如果在經濟變得不景氣的過程中，人們的生產、消費活動減弱，對鈔票的需求就不那麼強烈，這樣，利率就會往下跌。

這就是景氣狀況與利率間的關係。此外，利率就另一面來說，它是可以透過政府的調整而變高或變低的。

各國央行的重要功能

大家每天都要用且很熟知的錢，就實質上來說它就是鈔票，控制鈔票的就是印刷鈔票這種「紙張」的「中央銀行」，中央銀行每個國家都有一個，它的重要責任之一就是調節鈔票的數量以維持經濟的穩定。試想，如果一個國家的經濟活動力欠佳，該國的央行最可能怎麼做呢?他們最可能會採取降低利率的措施，這似乎是告訴人們「來吧！多用些錢去活化經濟吧！」

近年來最典型的例子就是日本的「零利率策略」，日本的中央銀行把利率調得很低很低，目的就是鼓勵人們多多把錢花掉，讓經濟呈現正循環。

相反的，如果景氣過熱，大家把便宜的錢投注在地產、股票炒高這些價格，有引發泡沫經濟之虞，為了抑制通貨膨漲，中央銀行就會調高利率，也就是減少市面上的鈔票，以壓抑景氣。

所以，跟實際海洋不同，鈔票海洋有個人為的「水龍頭」透過央行調節利率以活化或抑制經濟。

景氣與利率的關係

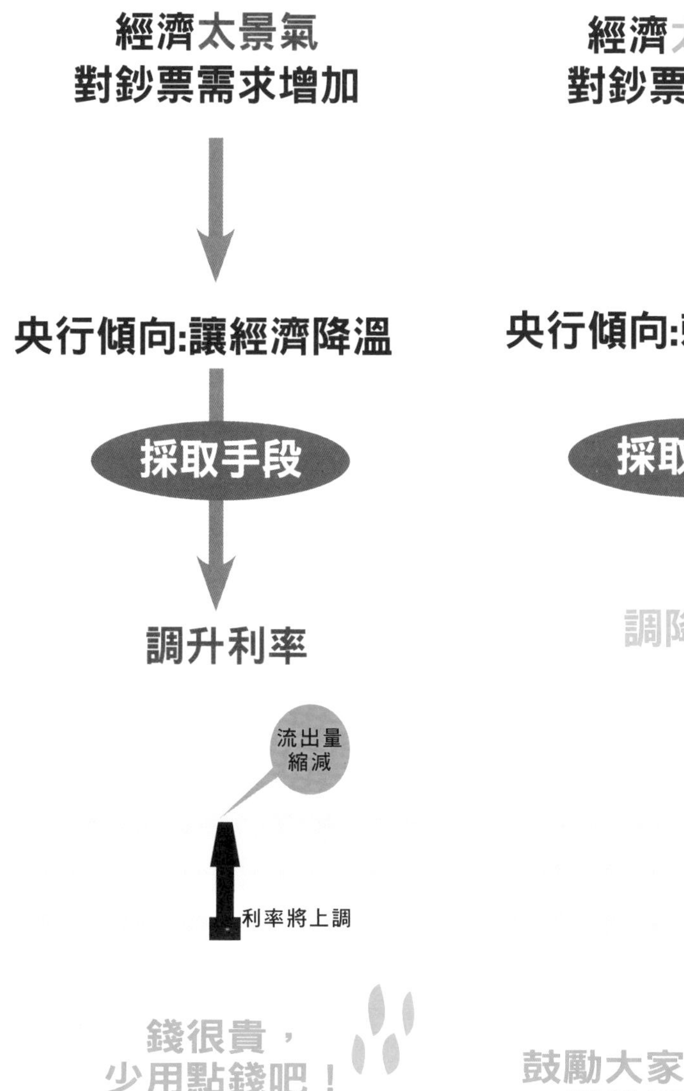
經濟太景氣
對鈔票需求增加
央行傾向:讓經濟降溫
採取手段
調升利率
流出量
縮減
利率將上調
錢很貴，
少用點錢吧！

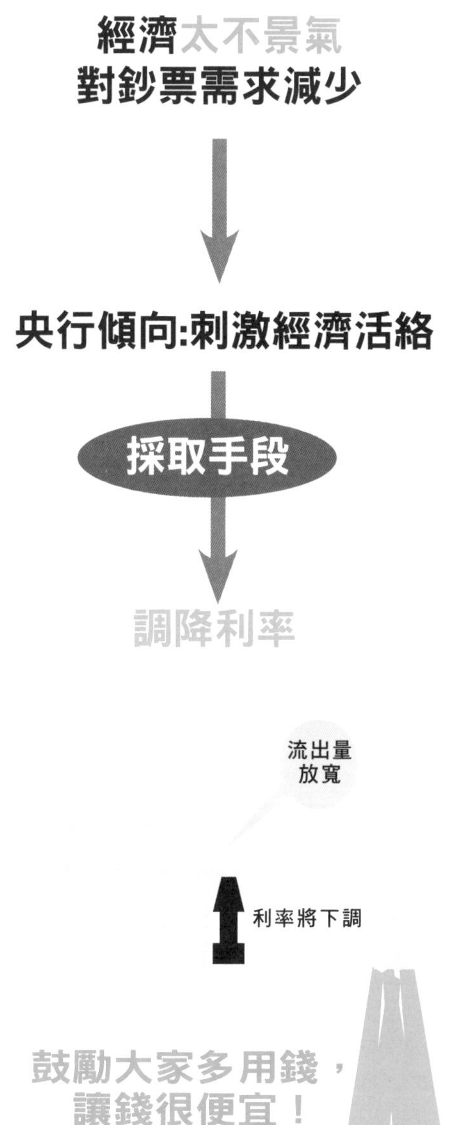
經濟太不景氣
對鈔票需求減少
央行傾向:刺激經濟活絡
採取手段
調降利率
流出量
放寬
利率將下調
鼓勵大家多用錢，
讓錢很便宜！

 Lesson 15

景氣與投資態度的關係

景氣的最高峰通常也是利率的最高點，也會是各式債券利率最高的時候，這是基本原則。也就是說，從經濟最景氣的狀況要即將轉向景氣不景氣的這個轉折點，如果買進利率固定的長期債券，這是最聰明的做法，因為接著下來要找到那麼高利率且安全性又高的投資工具並不容易。像這樣，投資人隨著景氣狀況變化，選擇不同的容易賺錢的金融商品。

景氣好，風險允許度上升

經濟景氣時，買什麼樣的金融商品比較好呢？

經濟景氣時，公司的業績也會不斷好轉，投資股票是最好的選擇。

另外，當經濟景氣時，人們都喜歡憧憬「玫瑰色的未來」和「無限制成長」這樣的大夢會做得越來越大膽。

因此，有成長餘地、生機盎然的年輕企業與新興市場股聚集了十足的人氣。陽光燦爛的時候，很多人會認為「天氣情況不錯，稍微過一下險橋也沒有關係」，雖然實際情況並非如此，但經濟景氣時，「風險允許度」投資人會自己把它放大。因此，小公司（小型股），以及原先蕭條但隨著經濟景氣而業績好轉的再生企業股也會上漲。

經濟景氣＝物價上漲可以投資不動產

經濟景氣時，物價也會上漲，所以商品型的投資就會很有人氣。因此，不動產價格上漲。這種情況下，前文所說的REITs購入就會變得有效益。

經濟景氣時就像大晴天，成長迅速的新興國股上漲。以世界很景氣的2005.07～2007.07為例，股票價格上漲最厲害的是俄羅斯，上漲率150%以上，其次是印度有100%的上漲率，但

經濟景氣時新興市場更有賺頭！

※本文股市成長百分比僅以概略趨勢計算。

範例 05.7～07.7成熟經濟體的漲幅

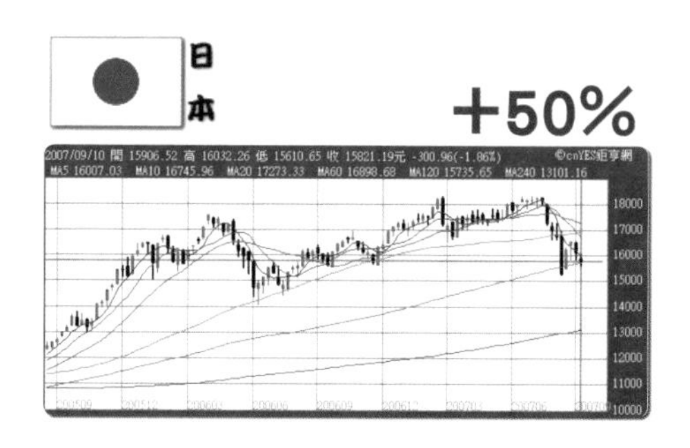

景氣好時，新興市場、風險高的投資商品、股票、地產漲得很往往比已開發國家厲害！也就是說高風險高報酬的投資有漲狂漲、跌狂跌的特性，投資人要了解。

範例 05.7～07.7間新興國家股市狂飆

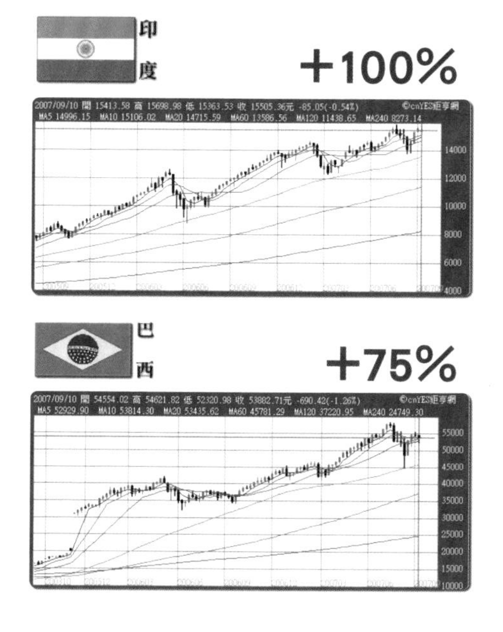

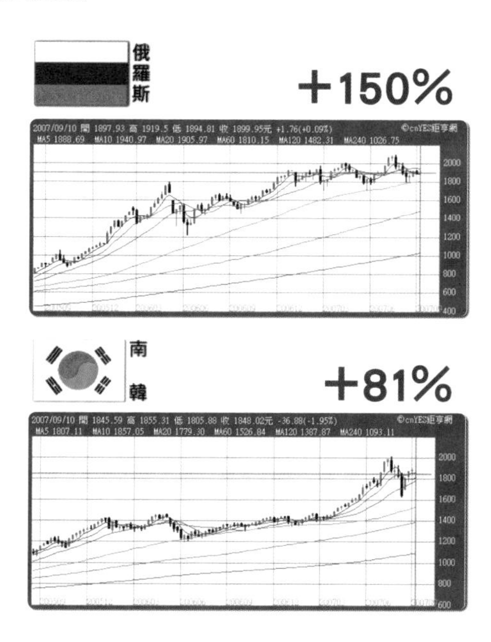

同一時間的成熟經濟體如美、日股價則分別上漲了33%、50%。

對投資人而言，經濟景氣時，與股票相比，利率較低的債券投資就要避免。因為經濟持續景氣時，利率上升，債券價格持續下跌，所以，長期固定債券投資不划算。總之，在陽光燦爛的時候，誰都想精神抖擻的開始「鈔票海洋」冒險之旅，都顧不上回頭看潛在的危險。景氣愈好時風險越高的金融商品收益越高，因此聚集了不少人氣。

景氣好時……

股票投資	債券和外匯投資
景氣恢復期，鈔票從債券市場回到股票市場。為刺激經濟，所以利率較低，負債多的企業（銀行、電力、鐵道）股被買進。不久經濟開始出現景氣，企業生產必需的鐵、玻璃等原物料相關股和機械股首先被買進，汽車、電機等出口相關股也被購買。經濟持續景氣，風險允許度增加，新興股等成長性強的小型股上漲，不動產、建築、流通等內需股也上漲。	景氣恢復期，利率上升，投資長期債券不划算。推薦投資短期利率、變賣性強的商品。不過，從經濟景氣時期轉向經濟後退的瞬間，利率到達頂點時是購入長期債券的機會。 經濟景氣時，繁榮經濟體的幣值多半會偏向升值，此時是購入外幣的機會。

※上面所提到的只是一般情況，行情並不一定按照上面所說的變化。

景氣不同，投資焦點不同！

利率稍晚於景氣狀況而上下浮動

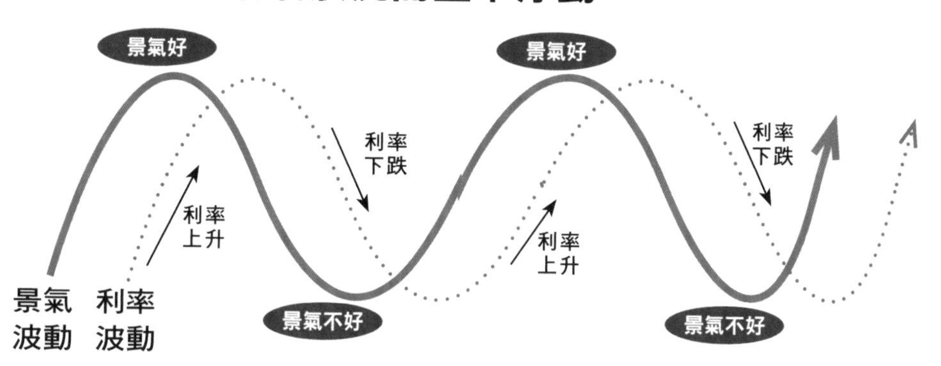

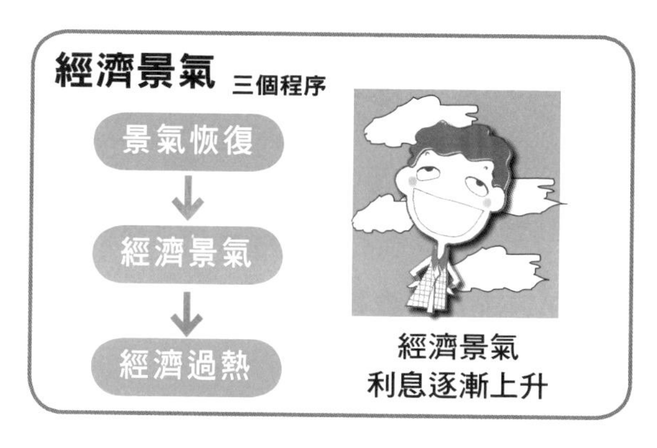

冒點風險追求高報酬。如：小型股票、地產、新興市場。

因保守喪失獲利機會。如：債券、定存。

小型股

小型股是指按股價×發行股數計算出的時價總額較低的個股。這樣的股票即使市場只投入少量資金，也會使其股價急劇上漲。

新興國股

新興國股的資訊不多，一般可以通過基金購入。現在也很流行採「複委託」的方式直接買賣海外股票，不過，手續費頗高。

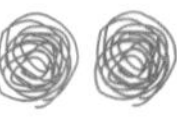

Lesson 16

景氣後退→好企業股；不景氣→債券

經濟不景氣時，買進什麼金融商品比較好呢？

「鈔票海洋」波濤洶湧時，去哪裡都不太安全。此時，並不需要像經濟景氣時那樣，勇猛果敢的去冒險，而需要尋找一個「安全的避難所」來躲避風雨。

時價總額低、價格變動劇烈的新興股和小型股最好敬而遠之。這種企業的股票，只要國際法人稍微出現賣出的風聲，股價就傾向於大幅度下跌。

風況不佳時 乘大船比較安全

經濟出現減速趨勢時，可以將資金轉移到時價總額高的大型股。以國內股票為例，景氣不佳時股市投資人就傾向把資金投資在像是中鋼、台塑、台積電這樣的企業。

也就是說，經濟不景氣時，乘大船比較安全。投資市場有句話「Go big Buy quality」在市場風況不佳時非常適用。

還有，無論是經濟景氣還是不景氣，醫療用品、生活用品、食品等都有一定的需求量，企業業績會出現時好時壞。但人類生活不可缺的相關企業，較不受到景氣狀況驚濤駭浪的影響。因此，電力、鐵道股、食品股、藥品股、生活用品股等會有人氣。

經濟嚴重不景氣時 將資金轉向國債

當然，經濟不景氣程度非常嚴重時，就像以前的金融恐慌一樣，這時所有的股票被賣出，還進行股票投資是最忌諱的。

經濟不景氣時，資金就要流入比股票島和商品島穩定的債券島。因為利率不斷下降，債券價格上漲，而且在盡可能在剛開始轉入不景氣的早期階段，把鈔票投到等級高、利率高的長期債券上，比較有效。

不景氣時尋找風險小的鈔票避難所！

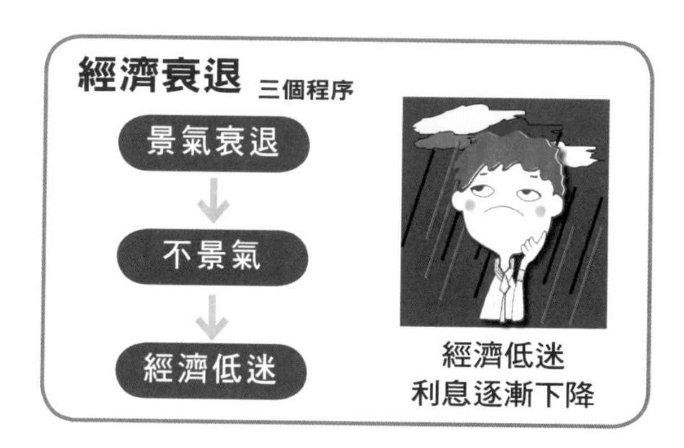

海上風浪大，避險為宜。如：債券、貨幣基金、定存。

以為價格跌了是撿便宜，仍舊存在著追逐高報酬理財。如：地產、股票、新興市場。

Key Word

金的投資

世界主要貨幣——美元如果下跌，金將會上漲，這是基本規則。對金的投資，除了買純金儲蓄之外，也可買相關的基金或是做做黃金存褶。

黃金存摺是透過銀行買賣黃金，並以存摺登錄買賣交易記錄，這就等同於由銀行幫投資人開立黃金保管帳戶，投資人可隨時委託銀行買進黃金，也可將黃金回售給銀行。

購買實體黃金的成本很高，但黃金存摺的交易門檻極低，以1公克為單位就可買賣，除外，也可像投資基金一樣採定期定額方式購買，每月最低投資3千元就可持有黃金，適合小額投資人。若要開黃金存摺門檻也很低只要1100元就能開始，國內的台灣銀行、兆豐銀行都接受這項業務。

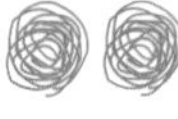

那麼，經濟不景氣達到最嚴重程度，接近恐慌狀態時，怎麼辦？

首先，最重要的是將鈔票轉向有本金保證的銀行定期存款躲避災難。

如果只有國內出現恐慌，台幣價值會急劇下跌，此時投資外幣很划算。如果整個世界經濟都遭受暴風雨，那麼，人類數千年的財富象徵「金」，以及由於是永久中立國不會被恐慌擊倒的瑞士法郎將會很有人氣。

景氣不好時……

股票投資

經濟不景氣時，鈔票從高風險的股票市場逃脫出來。景氣後退期，業績相對穩定的藥品、食品股、國際優良股、高分紅投資標的很有人氣。經濟持續不景氣，基本上買股票也不會賺錢。景氣低迷期，股價下跌暫停，到達谷底，此時，業績和成長性好的企業股價相對便宜，如果此時買進這種相對低價的好股票並長期持有反而能賺上一筆。

債券

景氣狀況惡化，鈔票會逃入債券市場，所以應該儘早買進長期債券。但對有可能債務不履行性的低等級債券要敬而遠之。

※上面所提到的只是一般情況，行情並不一定按照上面所說的變化。

債券、外匯不景氣時相對具持有價值

範例　1999～2007美林環球政府債券基金與道瓊相較

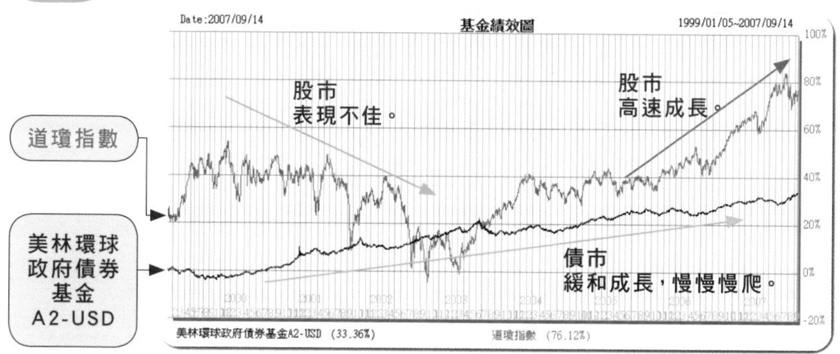

範例　1999～2007摩根富林明美元基金與道瓊相較

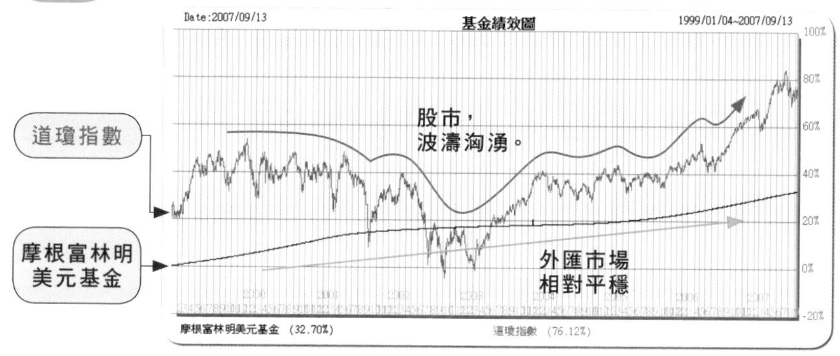

資料來源基智網（www.funddj.com）
→首頁
→基金搜尋「進階搜尋」
→個別基金
→績效表
→增加比較指數

債券島與外匯島的投資波動與風險小於股市。

Chapter 2

是誰在主導世界鈔票海洋的氣候呢？

經濟主旋律篇

說美國是鈔票海洋的守門員，一點也不為過，這個守門員的動向全世界都關注。

美國、亞洲的經濟互動跟你的基金投資有什麼關係呢?

不想被基金公司挖空心思的行銷基金術所左右，想大膽地走自己的理財路，現在就把它看懂。

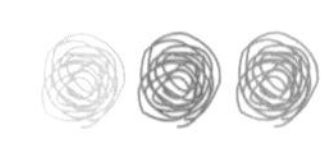

Lesson 01

世界鈔票海洋中心—美國

比較真實海洋與鈔票海洋不同，最明顯的差異在於，和真實的海洋相較，鈔票海洋有個真實的「水龍頭」只要經過人為的判斷與妥協，就可以「操控」海洋的氣候，或許，你會覺得很不可思議，海洋是大家的，為什麼讓少數人「操控」呢？

除非你不加入這場海洋冒險，否則，就得看懂這個遊戲規則，並且了解這個規則是誰制定的？他為什麼要那麼制定？遊戲規則改變了，海洋鈔票的生態必然發生變化！投資人得很聰明的見風轉舵。

美國的FRB 鈔票海洋的最大水龍頭

在前一章中曾經介紹了各個國家都有「中央銀行」，它的作用在於使用「利率」這個工具，以增加或減少市場上出現的鈔票數量。

航行在鈔票海洋中的冒險家們，在還沒有關注自己國家的央行利率動向之前，他們更高度關注一家中央銀行的動向。那就是美國聯邦籌備制度理事會＝FRB（Board of Governors of the Federal Reserve System）。

FRB是紐約、芝加哥等全美十二個地區的聯邦籌備銀行的綜合，相當於國內的的中央銀行。FRB由任期十四年的七位理事構成。這七人之中，包括紐約連銀總裁在內的五位地區總裁構成FOMC。

FRB和全世界的中央銀行一樣，都是通過上調或下調FF比率的短期利率，來調節該國（美國）市面上出現的鈔票數量。

可能有人會認為「FRB只會影響美國國內」，這種想法是不對的。

美國不僅在軍事方面，在經濟方面也是一個稱霸世界的超級大國。GDP水準居世界第一。當然，台灣最大的貿易國也是美國。不止是台灣，全世界絕大多數的國家其最大的貿易國也都是美國。

美國聯儲會FRB

資料來源：http：//www.federalreserve.gov/

Key Word

【聯邦基金利率】（Federal Funds Rate）

聯邦基金利率（又簡稱「FF」）是美國銀行間的隔夜拆款利率，代表的是短期市場利率水準。

通常FOMC會對聯邦基金利率設定目標區間，透過市場操作以確保利率維持在這個區間內。

要觀察未來利率政策的調整方向，最好的指標便是FOMC會議後所發表的政策聲明（Policy Statement）。

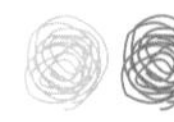

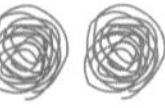

Lesson 02

從FRB公告中 預期未來行情的發展

FRB最重要的工作就是舉行一年八次的「聯邦公開市場委員會＝FOMC（Federal Open Market Commitee）」以決定美國短期利率指標——FF利率和中央銀行貼現率。

公佈文書——FOMC聲明中，會用簡潔的語言闡述FRB的利率引導目標、美國的景氣狀況現狀和預測。

每次聲明中的詞句一般沒有什麼變化，內容大體相同。儘管如此，全世界的投資者都會睜大雙眼，尋找「哪怕是是一丁點的變化」。他們拼命的從這種「變化」中要找出世界經濟今後的狀況、有賺頭的金融商品。

FOMC召開前，十二個聯邦籌備銀行會公佈「Beige book」，其中總結了各地區經濟動向。這裏公佈的各地區經濟狀況經常會對美國股價和利率產生很大影響。

FRB主席發言 全世界都在聽

有「金融界巨匠（名指揮家）」之稱的葛林斯潘是前FRB主席的發言，由於難懂和富有啟發性而著稱。

比如，1996年12月，對IT泡沫前夜的美國股票市場過熱狀態，他宣稱是「無根據的狂熱（irrational exuberance）」，對此發出了警告。

FRB主席的發言是搖撼「鈔票海洋」的一大原因。不管是誰擔任主席，鈔票海洋的冒險者們都會拼命的解讀主席的話。

從1987年開始，葛林斯潘擔任了十九年的最高層領導職務。2006年，由柏南克接替了他的工作。無論怎樣，以柏南克為首的FRB現任相關人員發出的資訊，對於想知道今後世界經濟狀況的人來講都很重要。

利用FRB網站查最近利率訊息

http：//www.federalreserve.gov/

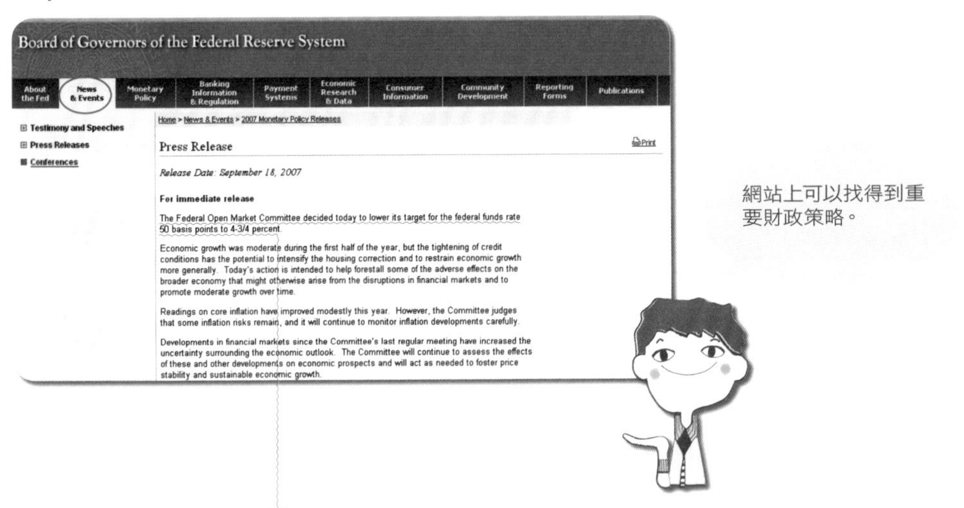

Board of Governors of the Federal Reserve System

About the Fed | News & Events | Monetary Policy | Banking Information & Regulation | Payment Systems | Economic Research & Data | Consumer Information | Community Development | Reporting Forms | Publications

⊞ Testimony and Speeches
⊞ Press Releases
■ Conferences

Home > News & Events > 2007 Monetary Policy Releases

Press Release

Print

Release Date: September 18, 2007

For immediate release

The Federal Open Market Committee decided today to lower its target for the federal funds rate 50 basis points to 4-3/4 percent.

Economic growth was moderate during the first half of the year, but the tightening of credit conditions has the potential to intensify the housing correction and to restrain economic growth more generally. Today's action is intended to help forestall some of the adverse effects on the broader economy that might otherwise arise from the disruptions in financial markets and to promote moderate growth over time.

Readings on core inflation have improved modestly this year. However, the Committee judges that some inflation risks remain, and it will continue to monitor inflation developments carefully.

Developments in financial markets since the Committee's last regular meeting have increased the uncertainty surrounding the economic outlook. The Committee will continue to assess the effects of these and other developments on economic prospects and will act as needed to foster price stability and sustainable economic growth.

The Federal Open Market Committee decided today to lower its target for the federal funds rate 50 basis points to 4～3／4 percent.
（聯邦公開市場操作委員會（FOMC）今天決定降低其聯邦資金利率目標50個基點至4～3／4%。）

Key Word

【葛林斯潘】Alan Greenspan

從1987年8月開始到2006年2月間，擔任了FRB主席。他通過巧妙的纏繩操縱，使美國克服了一連串困難。比如，就任後即發生的股價暴跌（黑色星期一）、IT泡沫瓦解、911恐怖襲擊等，獲得了「金融界巨匠（名指揮手）」的稱號。

【柏南克】Ben Bernanke

2006年2月，Ben Bernanke從Alan Greenspan手中接過接力棒，繼任FRB主席。他曾經任知名的普林斯頓大學經濟系主任，與葛不同，柏是學者出身。他主張通過中央銀行制定「物價上漲率目標」，控制通貨量能夠克服通貨緊縮和通貨膨脹。

 Lesson 03

FRB的使命 與利率調整對世界的影響

掌控「世界鈔票海洋」的大水龍頭是FRB。它的任務是公佈金融政策、操作短期利率，讓美國經濟持續性成長。同時物價穩定、雇傭最大化和長期利率的穩定，也是美國議會賦予FRB的使命。

美國利率下調、利率上調的影響

一般人聽到利率，腦中浮現的是存多少錢可以拿回多少錢的報酬預期，但在世界經濟中利率（interest）這是一個非常重要的專業術語。FRB將操作「interest」作為唯一武器，來完成被賦予的使命。FRB的金融政策不僅對美國，對整個世界的經濟都會產生很大的影響。

如果景氣狀況明顯後退，即將陷入蕭條時，FRB會下調利率，讓鈔票進入良性迴圈，創造低利率、借錢容易的環境，催促人們開始進行活躍的經濟活動和積極雇傭，使得經濟能夠持續發展；相反的，經濟過於景氣時，上調利率，讓借錢變難，防止過熱。

• 美國掌握世界「鈔票水龍頭」

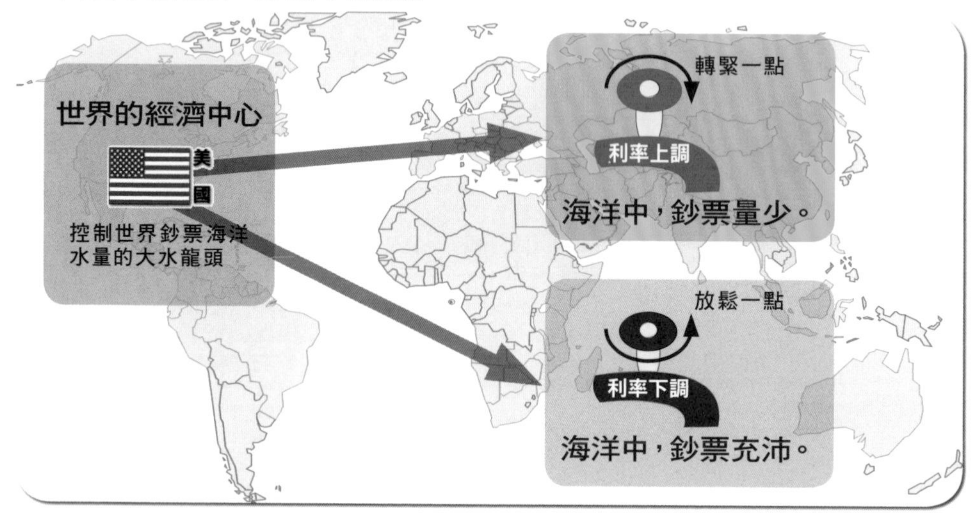

美聯儲的使命與手段

FRB 美國聯儲局		
	使命	· sustainable growth（經濟持續發展） · price stability（物價穩定） · maximum employment（實現最大僱用）
	手段	· monetary policy（制定金融政策） · interest rate（控制利率）

掌握世界鈔票水龍頭，以調整世界的鈔票量。

Key Word

【長期利率的穩定】

長期利率如果不穩定，將會導致國家發行國債時的利率不穩定，出現各種各樣的問題。

經濟很景氣不是很好嗎？為什麼還要防止過熱而冷卻經濟呢？

當經濟過於景氣，供給趕不上需求時，物價將會上漲。物價如果持續上漲，經濟雖然景氣，但是人們的生活並不富足，不久經濟活動也陷入停滯狀態，發生通貨膨脹。

因此，「物價穩定」也是FRB的使命之一。這和消滅通貨膨脹有同樣有意義。

人們常說「過猶不及」，經濟也一樣，持續過度景氣的狀態不是好事。

整體來說，FRB上調或下調利率，其目的就像平衡翹翹板的兩端一樣，一方面要維持物價穩定一方面要讓經濟以持續緩和呈右肩上漲的成長最理想。

美國利率與世界經濟的關係

FRB的「威力」不僅只對自己國家股市有影響，它還會對「外匯島」有所影響。

如果FRB下調利率，美元就會開始流向市面，其中一部分通過「外匯島」一下子湧入新興國的股票市場和不動產市場、石油和鐵銅等商品市場，導致出現「價格暴漲」。也就是水從水龍頭嘩嘩流出，蔓延至全世界。

如果FRB上調利率，不僅歐洲股，包括印度股、中國股等新興國的金融商品的所有投資資金也會一下子回流進美國國內，引起「價格下跌＝恐慌」。也就是，水龍頭被擰緊，資金被很快撤回。

綜上所述，FRB就像是控制世界「鈔票海洋」的「門衛」。它的舉手投足都值得關注。

美國調升或調降利率的考慮

操作利率的美國中央銀行

美國掌控鈔票閥門

FRB = 門衛

美國聯邦籌備制度理事會

美國利率對全世界的金融商品有重大影響，FRB主席的態度與決策是很關鍵性的因素。

葛林斯潘 —交棒→ 柏南克

FRB前主席
Alan Greenspan

FRB現任主席
Ben Bernanke

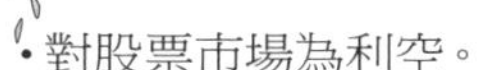

FRB如果持續上調利率的情況

- 對股票市場為利空。
- 長期利率多半會上升。
- 成為美元升值的重要原因之一。

FRB如果持續下調利率的情況

- 對股票市場為利多。
- 長期利率多半會暫停上升。
- 成為美元貶值的重要原因之一。

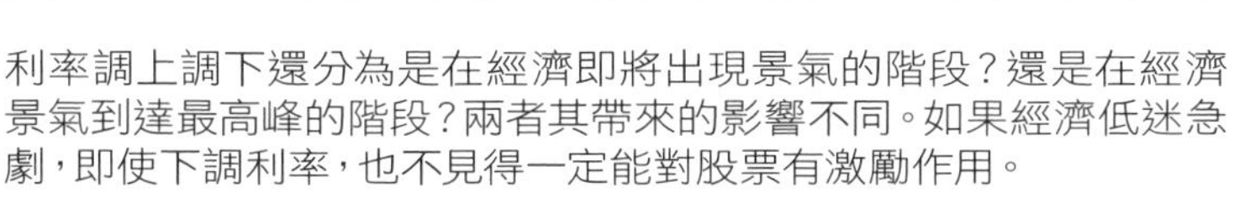

利率調上調下還分為是在經濟即將出現景氣的階段？還是在經濟景氣到達最高峰的階段？兩者其帶來的影響不同。如果經濟低迷急劇，即使下調利率，也不見得一定能對股票有激勵作用。

Lesson 04

通貨膨脹對經濟的影響

FRB的責任是平衡經濟發展與通貨膨脹，所以，投資人在國際重要的財經報導中常可以讀到類似——

「讓經濟可持續性發展，沒有通貨膨脹……」這樣的話。

通貨膨脹最大受害者—債券

通貨膨脹或通貨緊縮對世界經濟的影響是什麼呢？

相對於通貨緊縮，通貨膨脹就是一種物價普遍上漲的情況。

經濟過熱，物價上漲，意味著相對於物品的價值，鈔票價值下降。經濟過熱，以鈔票為媒介的經濟活動本身慢慢被腐蝕。比如，資薪上漲經常晚於物價上漲。人們都在賺錢，但是物價高，生活依然困苦。鈔票的價值漸漸喪失，靠存款生活的老年人、指望利息收入的人生活會更加困難。

通貨膨脹的影響還包括:由於原物料成本變高和工資的上漲，企業利潤可能惡化。

通貨膨脹的情況下，金融商品中受害最嚴重的就是債券。債券是「借貸」證明，由於物價高，本金和利率都會失去實際的價值。

相反，不動產和原物料的價值上升，是抵禦通貨膨脹能力很強的金融商品。有人認為股票抵禦通貨膨脹的能力也很強，不過企業利潤如果不上升，股價也很難上漲。

通貨膨脹發展

■ 薪資上漲晚於物價上漲，生活困苦。

■ 製造成本增加，但產品價格轉化延遲，企業收益惡化。

■ 通貨膨脹的預期心理，使人們捨不得拿出東西，物價進一步上漲。

■ 鈔票價值低於物品，以鈔票為媒介的經濟無法成立。

通膨疑慮→調高利率→股價跌

- 通貨膨脹戒備→利率上調對「鈔票海洋」產生巨大影響，導致出現股價下跌等現象。

通貨膨脹 ＝ 物價上漲

最糟的情況

鈔票 ＝ 廢紙

Key Word

【消費者物價指數】

消費者物價指數（CPI）是由消費者的立場，衡量財貨及勞務的價格。一般而言，CPI指數若持續上揚，代表通膨有升溫跡象，在相同的所得水準下，民眾購買力將隨物價上揚而下降。因此，各國央行皆以控制通膨作為重要的政策目標之一。

美國人很關心核心CPI

- 核心CPI，是指核心消費價格指數，也就是把受氣候和季節因素影響較大的產品價格剔除之後的居民消費價格指數，被認為是衡量通貨膨脹的最佳指標。

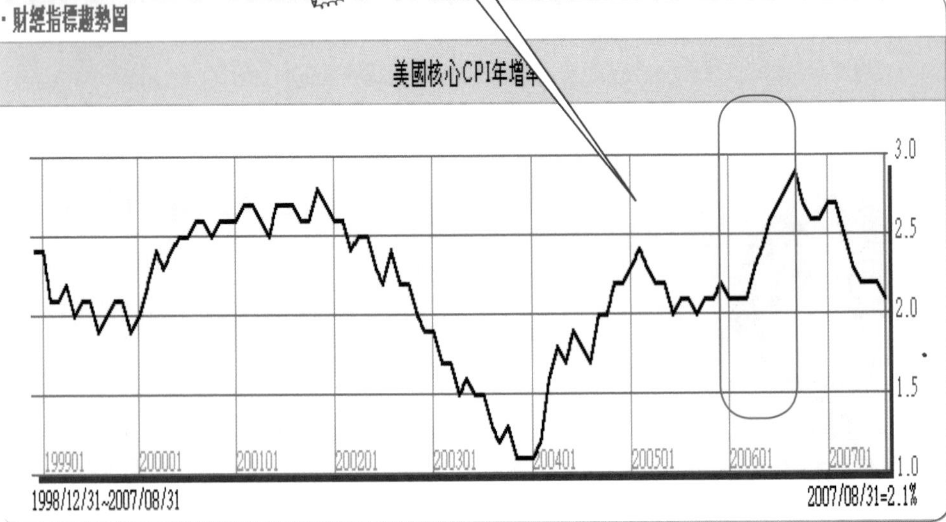

參考資料「美國核心CPI年增率」。資料來源基智網（www.funddj.com）

通膨疑慮→調高利率→股價跌（範例）

範例 柏南克2006年6月5日國際金融會議上的發言：

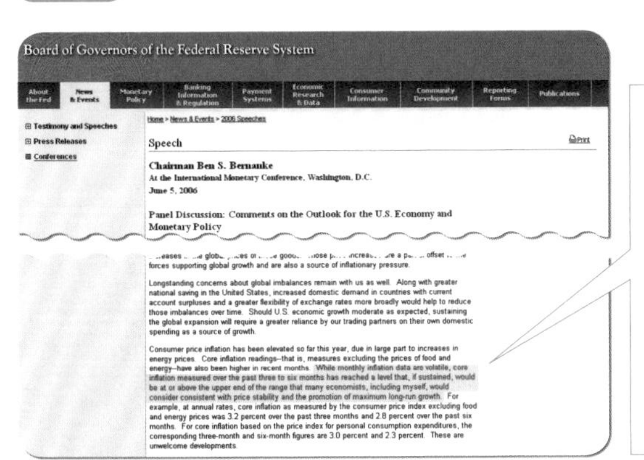

Board of Governors of the Federal Reserve System

About the Fed | News & Events | Monetary Policy | Banking Information & Regulation | Payment Systems | Economic Research & Data | Consumer Information | Community Development | Reporting Forms | Publications

⊞ Testimony and Speeches
⊞ Press Releases
■ Conferences

Home > News & Events > 2006 Speeches

Speech

Print

Chairman Ben S. Bernanke
At the International Monetary Conference, Washington, D.C.
June 5, 2006

Panel Discussion: Comments on the Outlook for the U.S. Economy and Monetary Policy

... forces supporting global growth and are also a source of inflationary pressure.

Longstanding concerns about global imbalances remain with us as well. Along with greater national saving in the United States, increased domestic demand in countries with current account surpluses and a greater flexibility of exchange rates more broadly would help to reduce those imbalances over time. Should U.S. economic growth moderate as expected, sustaining the global expansion will require a greater reliance by our trading partners on their own domestic spending as a source of growth.

Consumer price inflation has been elevated so far this year, due in large part to increases in energy prices. Core inflation readings--that is, measures excluding the prices of food and energy--have also been higher in recent months. While monthly inflation data are volatile, core inflation measured over the past three to six months has reached a level that, if sustained, would be at or above the upper end of the range that many economists, including myself, would consider consistent with price stability and the promotion of maximum long-run growth. For example, at annual rates, core inflation as measured by the consumer price index excluding food and energy prices was 3.2 percent over the past three months and 2.8 percent over the past six months. For core inflation based on the price index for personal consumption expenditures, the corresponding three-month and six-month figures are 3.0 percent and 2.3 percent. These are unwelcome developments.

While monthly inflation data are volatile, core inflation measured over the past three to six months has reached a level that, if sustained, would be at or above the upper end of the range that many economists, including myself, would consider consistent with price stability and the promotion of maximum long-run growth.
過去三到六個月間核心通貨膨脹率已經達到了包括我在內的很多經濟學者們認為能夠最大促進物價穩定和經濟持續發展的範圍上限，或者已經超過了這個上限。

現在的FBR政策著眼點將年核心通貨膨脹率控制在2.5%以下。比如，在2006年6月5日的國際會議上，柏南克的發言引起世界同時股價下跌。因為市場將其解釋為「柏南克要與通貨膨脹頑強鬥爭，持續上調利率」。請記住通貨膨脹可以讓人立刻聯想到FRB上調利率→股價下跌。

柏南克的話才剛說完，全球的股市一時之間都有不少的跌幅。

• 美國股市

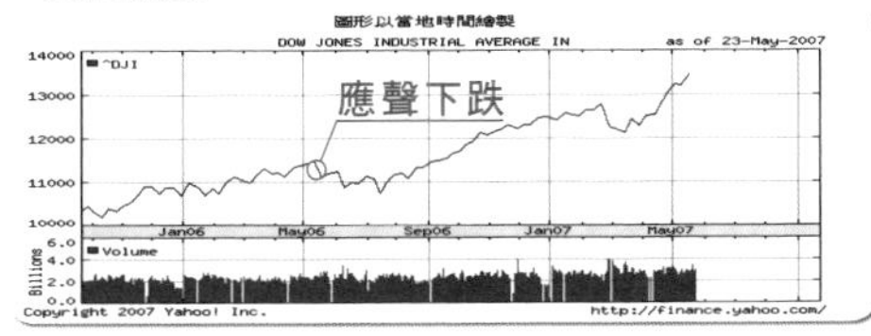

• 台灣股市

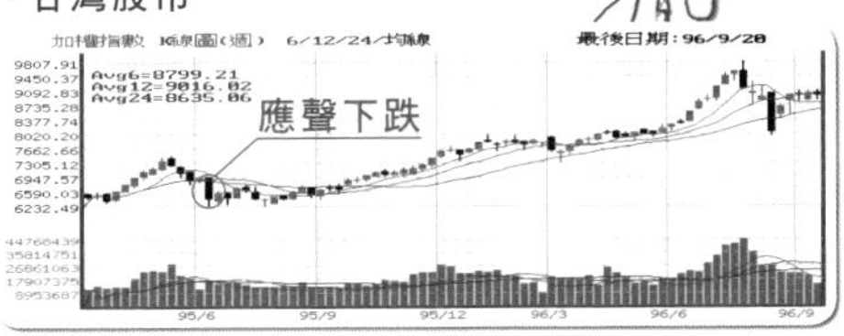

• 日本股市

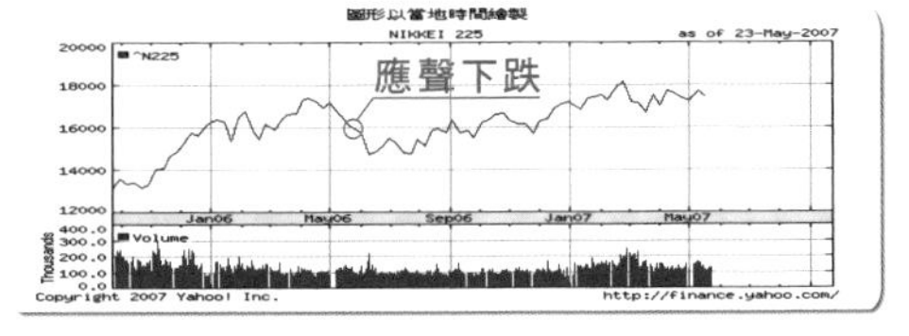

• 印度股市

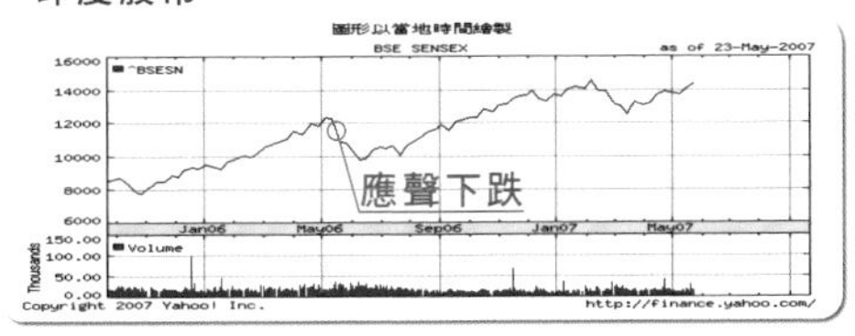

 Lesson 05

美國如何影響國際

過去，美國似乎做什麼都是老大，美國對世界金融又是如何影響的呢？

美國人若"撤資" 台灣資金水位將大退潮

舉個較容易理解的例子來說好了，假設你與多位好朋友共同籌資千萬開餐廳，其中有一位美國朋友出了400萬（佔股份的40%），為什麼這位美國朋友會想和你一塊兒投資呢？因為他在美國以5%利率借了錢，且他評估這門生意有10%的利潤，所以，他覺得可以冒點風險來台灣投資，但是如果美國政府希望能減少市面上出現美元的數量因此宣布調升利率，那麼，你的這位美國朋友的資金成本從5%變成8%，因此對方可能採取的動作是撤掉部份的投資金額，至少，在投資態度上也會趨向於保守。

所以，美國調整利率的動向，是不是跟台灣有關係呢？這個答案是一定的。如果FRB主席宣布「上調利率」非常厲害的話，那麼，台灣的市場上的資金可能會像退潮一樣被撤走，結果會導致國內股市大跌。

相反的，如果美國傾向於調降利率，國內股市就可能應聲大漲。

其實，不是只有台灣，臨近的日本、韓國美資的比例都不低，因此，要說美國是世界鈔票海洋的中心一點也不過份。

為什麼美國打噴嚏 台灣重感冒

投資者如果在自己國家的市場上賺到了錢，會增加對海外市場的投資，相反，如果在自己國家的市場上虧損，會減少對海外市場投資的比例。所以，如果你想購買國內的基金或股票，就不可能將美國經濟動向撇開不談。另外，如果你買賣股票，外國人喜歡國內的什麼股票呢？也要留意。美國人喜歡買進的股票更容易受到美國

美國人的錢散布世界各國，包括台灣。

www.tse.com.tw→交易資訊→三大法人→外資投資持股統計。

96年09月21日 外資投資持股統計

證券代號	證券名稱	國際證券編碼	發行股數	外資尚可投資股數	全體外資持有股數	外資尚可投資比率	全體外資持股比率	法令投資上限比率	與前日異動原因(註)	最近一次上市公司申報外資持股異動日期
2308	台達電	TW0002308004	2,106,417,250	575,518,399	1,530,898,851	27.32	72.67	100.00		96/08/02
2496	卓越	TW0002496007	66,521,136	18,981,748	47,539,388	28.53	71.46	100.00		96/04/18
2325	矽品	TW0002325008	3,067,842,785	898,640,280	2,169,202,505	29.29	70.70	100.00		96/08/28
2330	台積電	TW0002330008	26,420,379,830	7,837,413,319	18,582,966,511	29.66	70.33	100.00		96/06/29
2029	盛餘	TW0002029006	321,180,000	101,553,701	219,626,299	31.61	68.38	100.00		96/04/26
3231	緯創	TW0003231007	1,381,926,070	450,197,593	931,728,477	32.57	67.42	100.00		96/08/24
2429	永兆	TW0002429008	188,000,000	61,445,285	126,554,715	32.68	67.31	100.00		96/08/27
2311	日月光	TW0002311008	5,392,899,352	1,781,740,506	3,611,158,846	33.03	66.96	100.00		96/09/14
1439	中和	TW0001439008	92,000,000	34,857,793	57,142,207	37.88	62.11	100.00		96/05/21
2324	仁寶	TW0002324001	3,865,958,900	1,501,629,473	2,364,329,427	38.84	61.15	100.00		96/09/06
3044	健鼎	TW0003044004	429,700,221	169,275,723	260,424,498	39.39	60.60	100.00		96/08/23
6239	力成	TW0006239007	556,300,000	225,315,654	330,984,346	40.50	59.49	100.00		96/08/31
2317	鴻海	TW0002317005	5,168,138,753	2,131,690,290	3,036,448,463	41.24	58.75	100.00		96/05/07
2332	友訊	TW0002332004	683,845,570	290,483,305	393,362,265	42.47	57.52	100.00		96/08/17
2891	中信金	TW0002891009	8,050,798,709	3,579,353,160	4,471,445,549	44.45	55.54	100.00		96/05/16
2409	友達	TW0002409000	7,817,552,855	3,491,381,768	4,326,171,087	44.66	55.33	100.00	4	96/09/19
2301	光寶科	TW0002301009	2,125,665,451	957,213,142	1,168,452,309	45.03	54.96	100.00		96/08/06
9917	中保	TW0009917005	444,529,156	205,374,030	239,155,126	46.20	53.79	100.00		96/05/25
1614	三洋電	TW0001614006	316,604,007	146,960,979	169,643,028	46.41	53.58	100.00		96/05/25

2006年底國內
股市資本來源統計表 資料來源：台灣證券交易所

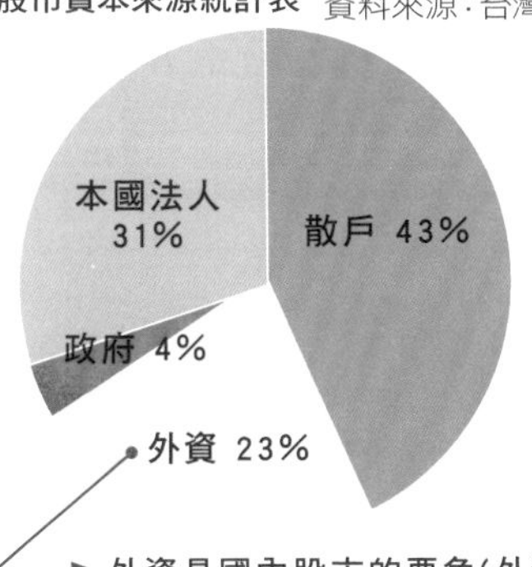

外資是國內股市的要角(外資中比例最高的是美國)。

外資最愛誰？
利用交易所的網站可以查詢。
仔細瞧一瞧，是不是中長期有潛力的好股票都被外資買走了。

本地經濟氣候的影響。當美國經濟景氣時，外國人持有率高的個股也會上漲；另一面來看，如果美國經濟不景氣，這些股票將會出現「外資拋售→暴跌」的現象。相反的，外國人持有率低的股則較不受到美國經濟的影響。

從這個角度看，當美國股票市場堅挺，就可以買進外國人持有率高的股；如果美國市場轉入不景氣，就賣出外資持有率高的股票。這種「跟蹤外資」也是一種投資方法。

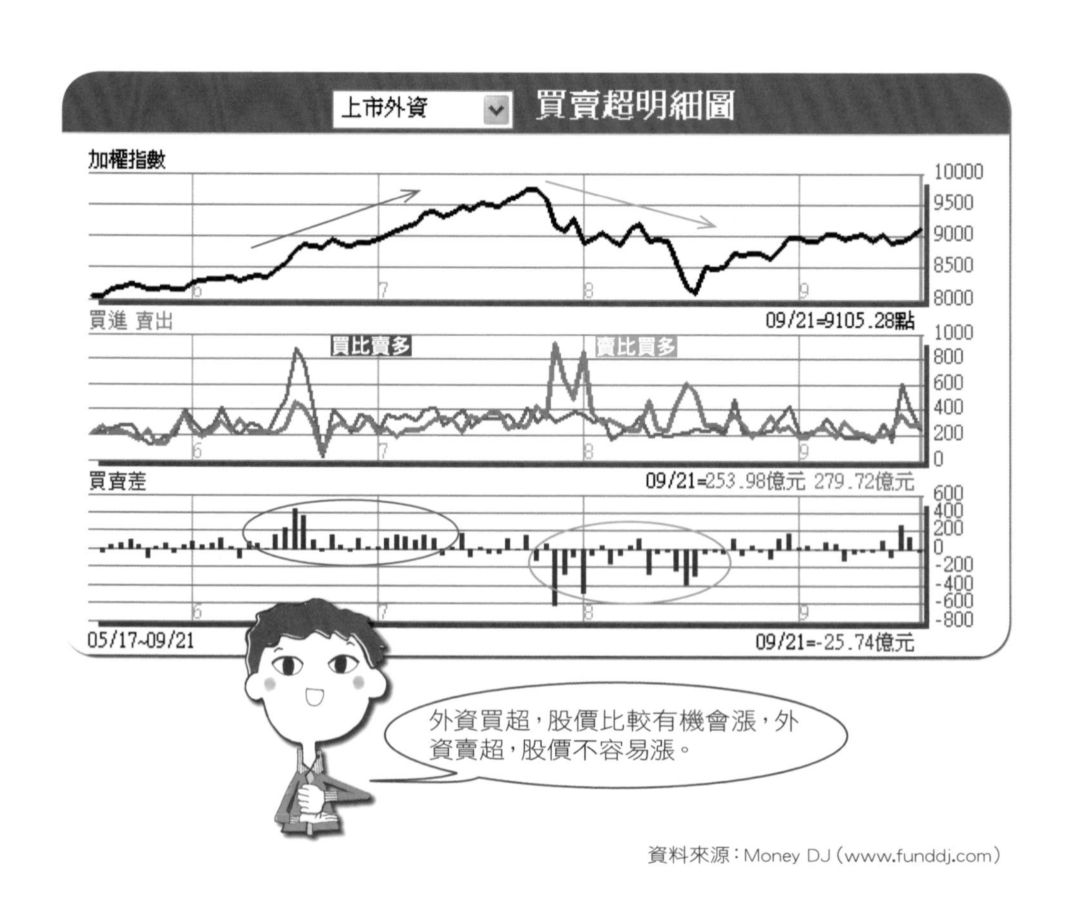

資料來源：Money DJ（www.funddj.com）

買國內股票型基金也要觀察美國經濟!

美國經濟堅挺，外國人紛紛買進時

買進外國人持股率高的股，財務力量、技術力量雄厚的「外國人喜愛」股。

美國經濟疲軟，外國人紛紛賣出時

買進外國人持股率低的股，從業績和財務力量來看被過度賣出的股！

Key Word

【投資的意識】

進行任何投資都不能不明不白，先預估最差的情況會賠多少，再想想逐步獲利的情況，最好也把賺錢明確的目標是什麼想清楚，會讓投資更有效益。

Lesson 06

亞洲製造、美國消費的經濟迴圈

選對基金，為什麼話題一直繞著「美國」呢？目前美國的經濟霸權地位雖然一再被挑戰，不過，不能被忽略的是新興市場（尤其是亞洲各國）幾乎都是透過賣給東西給美國從而賺錢得利。

什麼是「快樂的經濟迴圈」？

「美國人不斷消費物資」→「亞洲各國透過賣物資給美國而賺錢」→「亞洲人賺到鈔票再向美國投資，並把資金用各種管道輸入給美國」……「資金繞來繞去，還是進入了美國人的口袋，讓美國人消費更加活躍」！

上述這種金錢、物品的循環從某種意義上講，在過去很長的時間支撐著世界經濟。不過，這種「快樂圓圈」是否能夠永久存續下去，我們不得而知。

首先，過去一直是「大國」的美國，向來幾乎都處在進口是出口1.5倍，以這樣的貿易赤字支撐著這個「圓圈」。換句話說，美國一手承擔了全世界物資的消費。如果美國人的消費下降，這個迴圈將開始倒流、崩潰。

實際上，近年來這樣以美國為中心的世界鈔票海洋中心的態勢正受到考驗，舉台灣與日本為例，2007上半年的許多數據在在顯示，大陸已經取代美國，成為台、日最大的貿易伙伴了。這意味著行之數十年的「快樂經濟平衡迴圈」正因為大陸經濟實力而進入一個新的階段。

過去，即使是沒有讀過什麼書的菜市場歐巴桑，問她如何為資產保值而理財，「購買美元」可能是排名很前面的選項，因為印象中，買美金幾乎等同於買黃金，所以，早期大家也會因為保值考量而買進美元計價的基金，但是，未來是否還是要循著同樣的思考方向呢？快樂圓圈的亞洲代表大陸的崛起，會是一個很大的變數。

如果中國經濟也像以前的亞洲危機一樣瓦解，那麼所有亞洲的經濟會

長期以來美國和亞洲的經濟快樂迴圈

美國人 個人消費	+	美元 升值	=	支持快樂 迴圈持續

投資的時候要考慮到，這種快樂的經濟迴圈是否會維持得下去。
當美國人消費力不足，或美元無法維持既有的強勢，這個快樂迴圈，將受挑戰。試想，如果持有美元愈來愈沒魅力的話，我們還會像以前一樣，把辛苦的積蓄放在美國嗎?

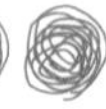

受到嚴重影響。「快樂圓圈」是否會持續下去？隨著大陸的變動，包括國內經濟在內的「鈔票海洋」的流動都會大幅變化。

從房屋住宅價格推測經濟景氣

快樂迴圈是否會持續下去？另一個值得投資人留心的是「美國住宅市場的成長」。從2000年的IT泡沫瓦解到2001年911事件之後，美國經濟突然減速。而將美國從經濟後退中解救出來的是住宅價格的上漲。要維持經濟景氣，個人消費和企業設備投資二者缺一不可。個人投資是經濟變景氣的強大牽引力。不過，2006年之後美國的住宅房屋開工率一直往下掉，這種減速現象，對投資人而言是一警訊。

美國向來是：
進口>出口
萬一美國人消費力變低，這個經濟快樂迴圈將如何呢？

美國長期處在**「入不敷出」**的情形。

美國2007年度貿易收支（單位：百萬）

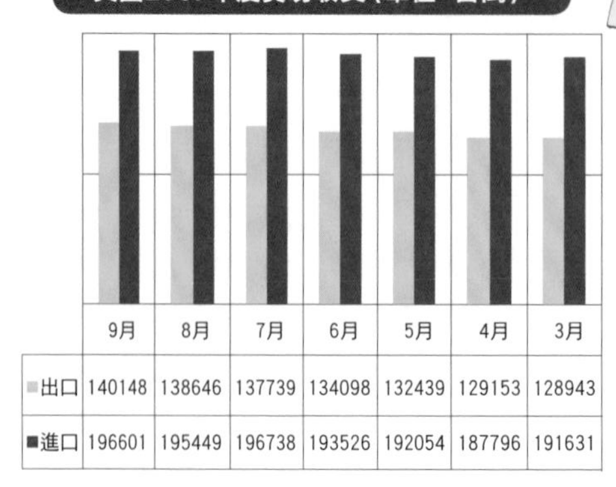

	9月	8月	7月	6月	5月	4月	3月
■出口	140148	138646	137739	134098	132439	129153	128943
■進口	196601	195449	196738	193526	192054	187796	191631

美國2007年度經常帳逆差（單位10億）

觀察美國經濟方法之一：住宅市場的動向

★ 支持國家經濟繁榮需仰賴「個人消費」&「企業投資」

過去，支撐美國經濟的主要是旺盛的個人消費。

過去美國住宅價格一直呈右肩上漲走勢。買房子賺了錢的美國人不斷消費，同時也支撐景氣的經濟。但是，現在「住宅市場減速」成為一大問題！

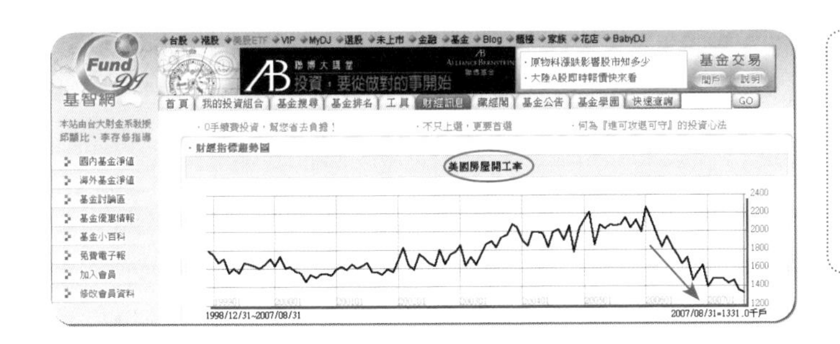

住宅開工數量
以每月公佈的「新建住宅開工戶數」和「二手住宅銷售」為基礎，可以判斷美國住宅市場的動向。

住宅市場成長與否，可用來觀察經濟。

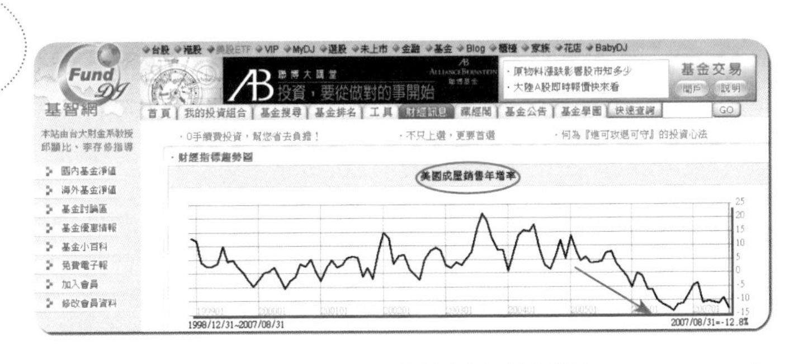

資料來源：基智網（www.funddj.com）

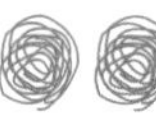 Lesson 07

美國經濟軟著陸，那些可以買？

在鈔票海洋航行並賺錢，需要適度的樂觀和對未知有冒險精神。如果快樂的經濟迴圈順利運轉，去什麼島嶼能賺錢呢？

一開始，這個前提的假設是對這個經濟迴圈的根本——美國的投資被認為依然有其優勢。

這些年來，美國的美元升值政策是「快樂圓圈」得以維持的原因之一。美國提高魅力貨幣——美元的價值，通過入超使得已經流入亞洲和中東產油國的鈔票重新回到美國進行投資。

如果美元失去魅力，向美國出口物資賺錢的國家將會把資金轉向歐元或日元，還有金等超越貨幣價值不變的貴金屬。

道瓊、那斯達克創新高是好兆頭嗎？

從新聞媒體的報導中讀者應該不難發現，「唱衰」美國經濟的學者專家一直大有人在。但美國道瓊工業指數卻一再的刷新了2000年IT泡沫以來的最高價。此外，美國還有很多驕傲的企業，像是：稱霸世界搜索引擎的google、蘋果電腦及許多高科技股、生技股等等，這些美國新興企業令全球投資人頗有期待，所以Nasdaq指數也表現不賴。

此外，美國國債利率也一直維持在相當的水準，從國內的投資者的角度來講，只要不出現極端台幣升值，購買美國國債依然非常具有有魅力。

當然，美國股如果形勢大好，向美國出口物資賺錢的台灣股市也會再次呈現出活力。還有，巴西、俄羅斯、印度、中國等金磚四國（BRICS）等新興國的經濟發展也會持續下去。

然而，對美國抱樂觀態度的投資人也要留意，美國經濟是否從「景氣」進入了「經濟減速」的時代?

若有那一天發生，最先蒙受打擊的不完全是美國本身，而是高風險的新興國股價和貨幣。鈔票海洋相對的一方總會連帶受影響，這點一定要銘記在心。

美國經濟如果持續發展，什麼有賺頭？

美元升值持續，
美國國債和美國股的投資有機會。

亞洲不斷發展，除中國、印度外其他像越南、泰國新興國家股票也ok。

不僅美國本身，亞洲中向美國出口的股也不錯。

資源價格停留在高水準，商品行情和資源國（澳大利亞、加拿大等）貨幣也可能會上漲

• 美國那斯達克近10年走勢

• 美國道瓊工業10年走勢

資料來源：鉅亨網（www.cnyes.com）

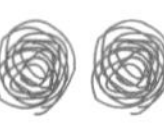 Lesson 08

美國經濟權威喪失，那些可以買？

先舉北韓核子試爆為例——2006年10月北韓「成功」的進行了核子試爆，同時間卻造成亞洲貨幣大貶，包括日圓、韓元與新台幣等等亞洲貨幣均起了不小的波瀾。

政局不安＝貨幣貶值而且會波及左鄰右舍

「鈔票海洋」最麻煩的就是遇上無法預料的暴風雨。如果出現那樣的徵兆誰都會想讓船靠上安全的港灣，等待暴風雨平息。

美國能一直維持其世界經濟霸主的地位嗎?沒有人能打包票。當然，美國的權威喪失，會對以美國經濟為中心的原有「鈔票海洋迴圈」帶來極大的影響。

最直接影響是美元貶值歐元升值。

萬一美國的世界權威喪失，有可能現有世界的外匯存底將不會以美元為基準，而以其他貨幣為中心的時機將會成熟（不過，那需要很長的一段時間）。相對于國內的新台幣，歐元如果持續價格上漲，投資人可以做一個合理的推論：美國權威喪失→歐元升值，從而買進了歐元的人，就能夠賺一筆。

美元如果不行了，資產分散格外重要

以美國為中心的快樂迴圈，向來是亞洲等國通過出口賺得的錢，用來向美國再投資。

如果這種平衡被打破，一般人的直覺是出現了動盪的世界局勢時就應該把錢逃進能夠保證本金的銀行存款和郵政存款。不過，如果國際間出現嚴重的戰爭或緊張，將進一步衝擊所有亞洲，此時持有單一貨幣，包括台幣、日元、韓元等本身都將是一種風險。所以，投資人要進一步思考，當美國與亞洲地區經濟不平靜時，想安穩的在國內做定存也不是一個好方法。

如果美元失勢，哪些商品有賺頭？

但是，急劇的美元貶值會使台灣出口產業在內的世界經濟面臨恐慌！

股票可以先不考慮，但台幣會相對升值

歐洲各國貨幣和債券

美國出口產業股 如：微軟、麥當勞、迪斯尼等

黃金和瑞士法郎

此時，就要認真的考慮分散投資怎麼搭配會比較好了。而這也是「基金」這項聰明的理財發明最好的地方之一，因為它靈活的設計，能讓投資人輕鬆的把資產分散，降低隨處可能發生的風險。

關注"鈔票群" 以獲取投資最大利潤

這幾年，蔓延世界的「鈔票海洋」普照在燦爛陽光下。美國住宅價格在次級房貸未浮上檯面之前曾暴漲過，而包括中國大陸、日本、香港、韓國、印度等在內的全世界股票市場也很興旺，鈔票還大把大把的湧入石油和金等商品市場。世界海洋的鈔票就像暴風雨一樣，「鈔票群」在世界各地掀起泡沫之後，撒手而去。

如何能成功預測「鈔票激流下一步去往何處」，對於投資賺錢非常重要。

「鈔票水塘」的位置將會在那裡呢？它現在情況如何？今後去往何處？關注下一波鈔票匯流之處就可以在今後投資各種金融商品時，獲得賺錢機會。

外匯島的現況是：美元貶歐元升的局面

外匯歐元/美元月線圖

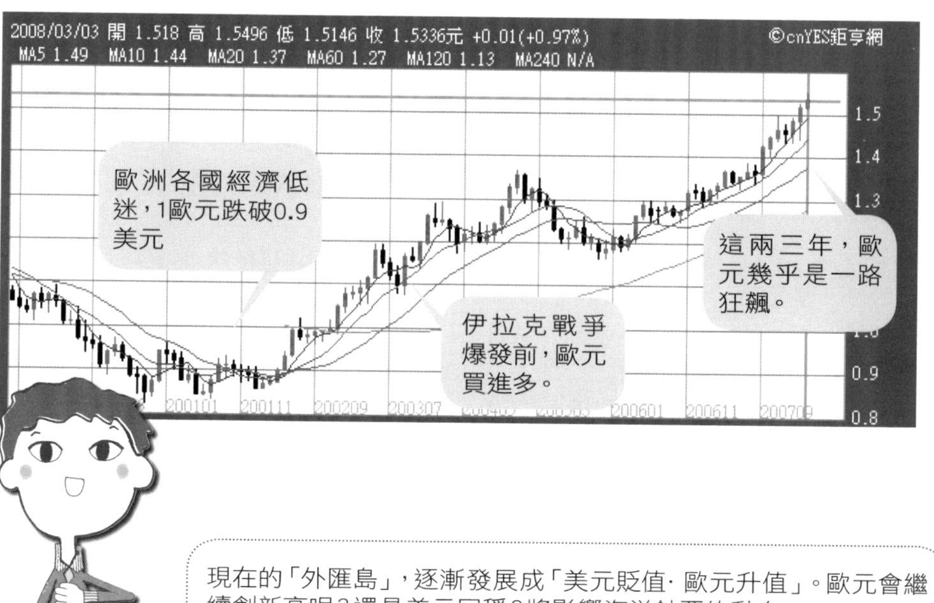

現在的「外匯島」，逐漸發展成「美元貶值‧歐元升值」。歐元會繼續創新高呢？還是美元回穩？將影響海洋鈔票的動向。

Key Word

美元暴跌

即使是免費貸款，美國也是世界最大的債務國，抱有鉅額的經常赤字。如果政治權威也喪失，將會出現「美元暴跌↓世界經濟大混亂」。

 Lesson 09

基金熱門標的漫談—日本、中國

海外基金每隔一段時間就會出現一波熱門投資標的，但國人詢問度最高的還是日本與大陸，本文就這兩塊國人最有興趣的市場進一步探討。

不少投資人偏愛買日本基金，觀察日本經濟，可以從那幾個角度來看呢？

日本「景氣→利率上升」的成長能持續多久？

現在的日本，終於為長時間持續的通貨緊縮（物價下跌）打上了休止符。通貨緊縮結束，物價如果轉入上漲，且經濟持續景氣，股票和不動產會上漲。如果判斷今後的日本經濟持續成長，那麼股票投資和購入REITs都很有效。

不過，日本短期內仍有為數不少的公共債務且由於少子、高齡化等因素，增稅已經在所難免。另一面就值待期待的因素來看，勤奮的日本人是世界上非常聰明的商人，企業收益力也一直很高，因此，長期而言，還是個很具潛力的投資國家。

中國，誰都不能忽視

中國，目前在世界上各個角落談到世界經濟時這兩個字都不容被忽視。中國可以說是「快樂圓圈」的亞洲主角。

根據世界銀行公佈的數據，2003年至2005年，中國經濟增長對世界GDP增長的平均貢獻率高達13.8%，僅次於美國的29.8%。

與此同時，中國貿易也不斷擴大，舉日本為例，這幾年日本的鋼鐵、海運、重機、工作機械等相關企業最大宗的輸出就是中國，而且以每年超過10%的速度高速成長。如果中國經濟崩潰，日本的出口企業當然也會遭受沈重打擊。

所以，如果你的目標是買日本基

投資日本要考慮的因素有——

值得期待的原因	不穩定的因素
① 構造改革的進展	① 為數不少的負債
② 企業收益力	② 少子高齡化 有競爭力下降之虞
③ 地價上漲	③ 增稅不可避免
④ 受益於發展中的亞洲經濟	④ 養老金、社會保障不穩定

投資就是思考「國家的未來」！

金，另一面要關注的是大陸經濟，如果大陸持續成長，對日本就是利多，如果大陸不成長或成長停滯，與其貿易依存度高的國家都將受影響。

投資中國股存在風險但是很有魅力

對於這樣的中國，身為投資人要密切的注意一個動向——人民幣的升貶。它的升貶跟一般歐美國家的貨幣升貶邏輯不完全一樣，政府的干預佔了很大的關係。

另外，眾所皆知的，中國的經濟成長率目前還是處於高速成長，但是，為這種超高速成長貢獻良多的中國國內基礎建設投資中，有很多是無意義的建築物和生產性低的工廠。這些「不會創造價值的投資」，未來可能引發情節或輕或重的不良債權，也是觀察的重點之一。

實際上，雖然中國GDP以年10%的高速增加，但在上海和深圳的上市公司，獲利能力則有待觀察，簡單比較一下，2008年初，大陸的平均股票本益比還高達40~50之譜，反觀國內的平均本益比也只有16左右，可見得要比賺錢能力，雖然國內股價不高，但獲利能力台商還是勝出。

此外，中國獨特的政治模式與上市公司財務不透明的情況也是投資前一大考慮點。

不過，中國經濟如果持續發展，它就不僅僅是「世界工廠」，而將是「13億人口的巨大市場」

投資中國要考慮的因素有——

中國是「世界工廠」，正在轉變為「巨大市場」。

值得期待的原因	不穩定的因素
① 年10%的高增長 許多國家仰賴大陸經濟的成長。	① 政治環境因素 中國政治風險高。
② 13億人巨大市場 汽車、家電、手機等內需產業需求大。	② 美國經濟的減速 對美國出口減少，高成長有可能中斷。
③ 人民幣上漲 中國是否會出現股票和不動產泡沫！？	③ 非效率企業經營 個別企業業績惡化。過剩生產和薄利多銷，使得收益力受質疑。

中國如果跌倒，全世界經濟將會受到巨大影響！

column

日元套利(carry trade)的過程

2006年7月，日本儘管已經踏出了解除零利率的一步，從世界經濟的角度來看，日本的低利率還是處於異常狀態。而這種低利的現況，引發了日元套利交易（carry trade）。

什麼是日元套利交易呢？

簡單的說，就是借出日元低利貸款再轉買高利率的貨幣資產以賺取其中的利率差價。

日本的套利交易十分盛行，而且不只是銀行、企業、國際套利機構，日本的家庭主婦套利的實力也不容小覷，因為日本利率全球最低，錢存銀行賺不到錢，但若以基準利率僅有0.5%的成本借出日元，轉而購買5.25%的美元資產或是像投資在紐幣8.25%、澳幣6.25%、英磅5.75%、歐元4%的資產上，就能賺到中間的利差。

然而，利差交易並非百分之百獲利，其最主要的風險是匯率，借來的日元總是要歸還的，如果日元升值，套利交易者買回日元償還的成本就會變高。如果日元升值的幅度超過利差幅度，投資人就會承受損失。因此，當日元有升值跡象時，法人機構與民間的套利交易者將紛紛賣掉在世界各地的資產買回日元提前還款。那麼，情況將如何呢？

日元因為大家紛紛買進，所以升值的速度加快了；而本來被鈔票海洋所眷顧的商品或區域，將因資金動能消失或減少使得價格下跌。

日元升貶，對世界的影響有很大嗎？來看一個表面上看來八竿子打不在一起的例子（如右）——

日元貶值後，印度股上漲，日元升值後，印度股暴跌。看上去印度股和日元完全沒有關係，但事實上卻隨之連動。

原因在於很多人將低利率借得的日元兌換成外幣，拿到印度投資印度股。

因此，從某種意義上講，日本低利率也是鈔票海洋出現泡沫的原因之一。所以，如果說美國是鈔票海洋的大閘門，日本應該算得上是「地下水閘」，這種地下水流的流向，也能在基金投資上賺上一筆。

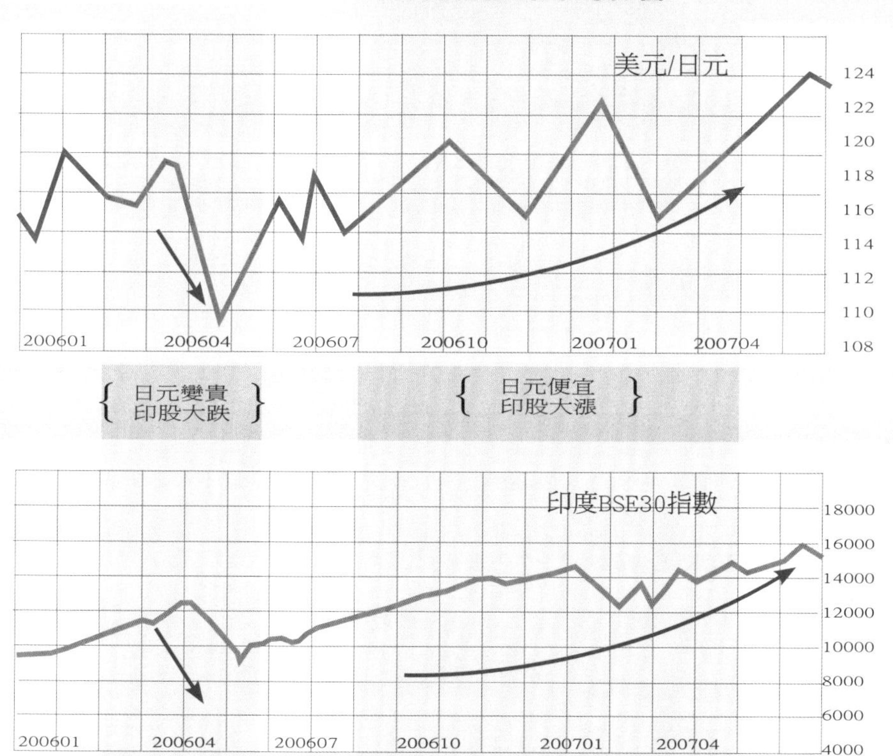

Chapter 3

利用網站輕鬆快速的掌握海洋鈔票資訊

認識基金篇

別被市面複雜的基金分類嚇到了，

你最需要的只要知道 1 招——

利用網路

找到合用的資料，

理財資訊一直更新，

基金財富就隱含在這些資訊裡。

 Lesson 01

基金運作① 很聰明的三權分立

要能做到滿意的投資，充分理解商品的結構，選擇適合自己的基金是重要的。

商品結構 投資人選擇由專家操作

基金是將資金的運用委託專家，所得到的收益再還給投資人的投資商品。依基金的不同，以國內定期定額而言，最低每月3000元起即可開始投資，基金公司會集合你與其他投資人的錢將其投資於股票、債券和其他金融商品。

想要投資什麼就是所謂投資對象，計畫以何種方法選擇上市櫃公司，以及這筆錢的運用方針是採取重視安定或積極的態度則由各基金經理人決定，所以，投資人只要選擇自己適合的基金予以購入，其餘的事委託專家來做即可。

由於不管那一種基金都會投資數十家上市櫃公司，所以可做廣泛的分散投資，這是基金的魅力。

依基金的不同，有的會進行一年1次以上（次數依基金而有所不同）的決算，若有收益的話，將遵守基金的分配約定，支付投資人利息。依基金的不同，有的會基於「保持此種狀態，資產容易增加」的考量，故儘管已出現許多收益，但不一定會配發利息。

因為大部份的基金均可隨時買賣，所以等到基金漲價時賣出，就可得到賣出時的利益。

境內基金 的發行與募集流程

基金依照發行公司所在地不同，可分為境外基金與境內基金，但只要是基金，組成與運作都是建立在「經理與保管分離」的基礎上，也就是說，基金公司單單負責下達指令操作，基金資產（也就是投資人的錢）的收支與保管是由保管機構負責。

為了方便投資人買與賣，基金公

基金運作的流程

• 由於是募集大家的錢，3000元/月以上即可做分散投資

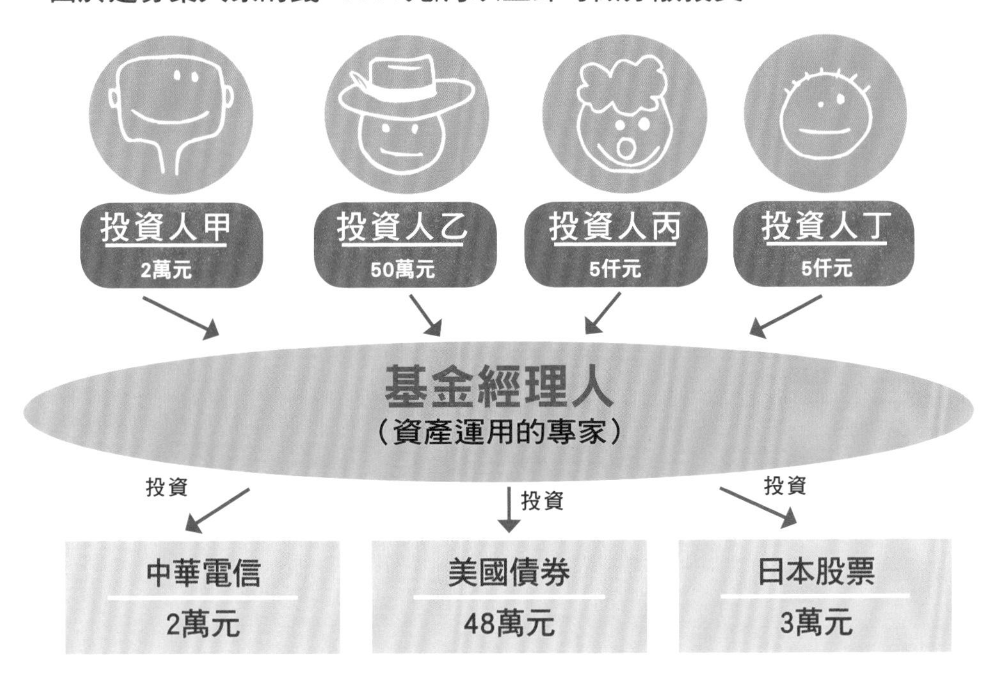

Key Word

【基金清算】

基金清算，就是代表這個基金即將結束。

基金公司會結算這支基金現有資產，把它們都轉換成現金後，按投資比例平均退還給基金信託受益人。

司會把基金像商品一樣陳列上架在投資人容易接觸得到的地方，像是郵局、銀行、券商、保險公司。因此，基金運作的流程就如右圖般形成三權分立的方式，彼此獨立運作各司其職。

投資人最想問的是，萬一基金公司或保管機構倒了怎麼辦？

由於基金的資產（錢）是存放在保管機構的「獨立基金專戶」，所以，如果保管機構出了問題，基金公司雖然是債權人也不能動用這個獨立專戶的錢。在這樣的架構下，除了可以保障資金安全外，資金的運用也能在公開、透明的架構運行。

境外基金的發行與募集流程

至於，境外基金的運作流程又是如何呢？

如果你想買國外知名的化粧品，不一定要出國，只要直接到百貨公司找到那個櫃位購買該品牌的產品，就等同於到國外買。境外基金的買賣也一樣，現在市面上看得到的境外基金，背後都有一家總代，總代理是每個境外基金機構在國內的單一委託機構，他們引進國內後，就必須對這些基金負責，包括提供相關資訊。

（境外基金總代理制流程）

境外基金		總代理人		通路銷售
		總代理人先與境外基金機構簽代理合約以引進其旗下的基金，必須經證期局核准後才可上市銷售。		・總代理人可以自行銷售 ・透過銀行、券商、保險公司、郵局等機構銷售。

註：目前已經開放境外基金總代理機構有五大類，包括：投信、投顧、券商、銀行與保險業。

基金以「三權分立」守住投資人的資產

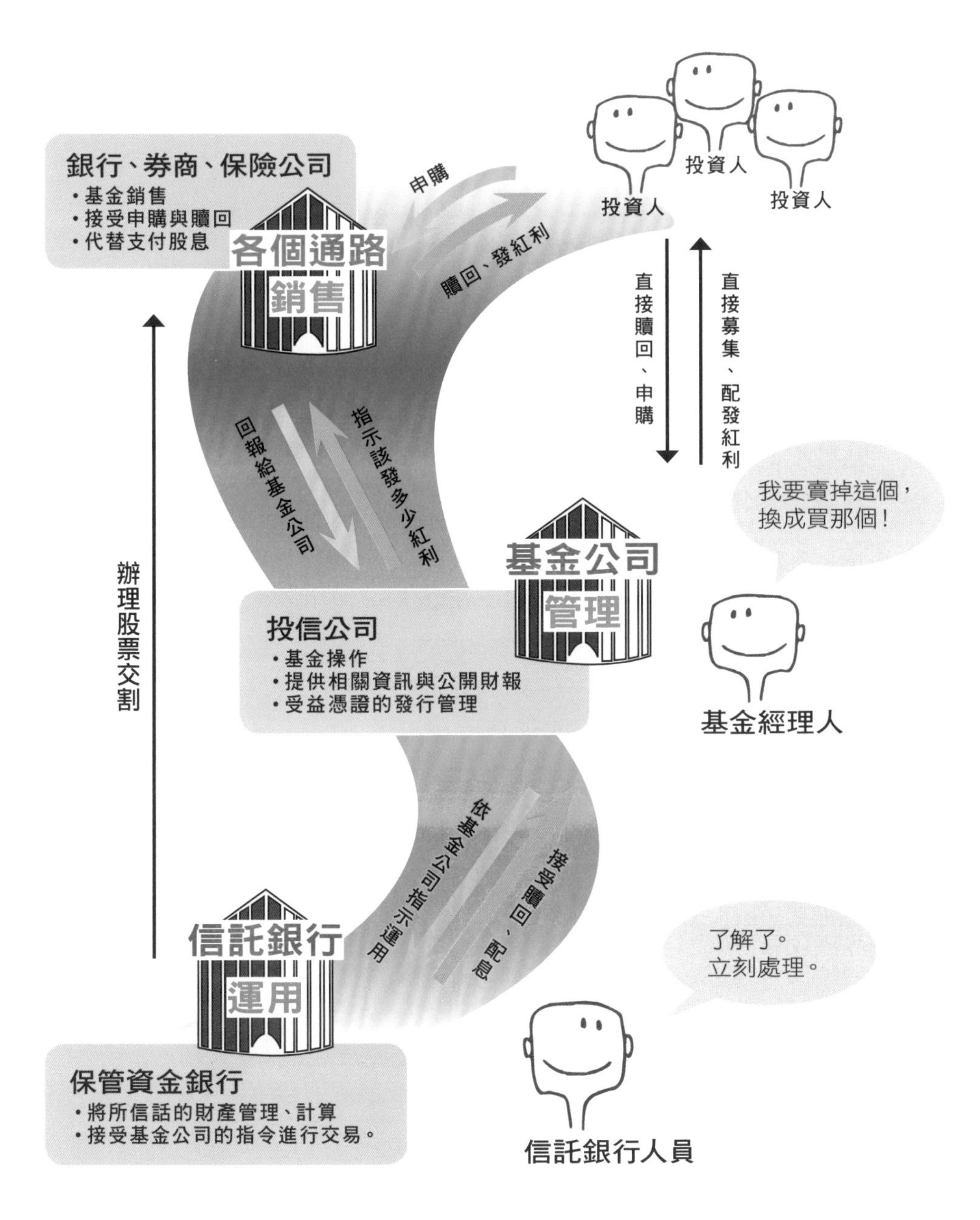

 Lesson 02

基金運作② 公募 V.S. 私募基金

大家一定聽過私募基金吧！雖然名字聽起來有點小神秘，其實，它的運作方式跟一般人所投資的基金（也就是公募基金）很像，兩者最大的不同是私募不能公開召募；而一般基金則可以大張旗鼓的向社會大眾公開招募。

私募機動靈活 公募門檻低

如果兩者基金運作流程差不多，為什麼要分別呢？

由於私募基金投資人大都是特定法人或具一定資產的自然人，投資私募的投資人被認定是具有足夠的投資理財知識及判斷能力的，所以，主管機關對私募基金限制較少，私募基金經理人操作手法可以很靈活，幾乎是那裡有錢那裡去，相對的風險也比較大，投資人進入門檻也比較高。

至於公募基金，因為招募對象是一般大眾，絕大多數屬於小額的投資者，所以，在公開招募前必須經過主管機關的嚴格把關，從基金操作與到投資標的等等都有相當程度的限制，目的就是要確保投資人的權益。

這樣簡單的比較一下好了，一檔公募基金從基金公司送件到過關至少要等上一個月以上（早期都得等上三個月以上），如果你想搶最新最有賺錢相的基金，從基金公司開始規畫到上市，投資人得慢慢等。但是，私募基金就沒有這種困擾，因為私募屬於事後報備制，進場操作較公募基金具有時效性。

由於私募不能公開招募，所以，有興趣者，可以與你熟悉或信任的投信、銀行等金融機構洽詢。近幾年來國內私募基金的風氣頗盛，幾乎較具規模的金融機構都會成立私募基金，早期的私募基金的最低投資門檻都在千萬新台幣之譜，但現在私募有的已經降到百萬元。不過，私募跟一般基金一樣，並沒有保證獲利。

共同基金、私募基金比較表

	公募基金	私募基金
投資對象	不特定人	符合資格之特定人
成立方式	公開募集	不公開招募
客戶數	無限制	2～35人
投資金額	最低單筆：10,000元起 定期定額：3,000元起	依信託契約規定
投資限制	較多	較少
特性及優點	①投資門檻低，小額即可投資 ②共享投資利潤與風險 ③資金獨立安全性高 ④專業基金經理人操作 ⑤變現性高，買賣容易	①採事後報備制，操作較具時效性 ②商品種類多元化 ③投資標的採負面表列(註) ④避險操作更具彈性 ⑤基金的銷售、贖回建構在私下協商和私人的信任 ⑥變現性高，買賣容易 （註：負面表列大意是，除非法令禁止的不要做，其他都可以做；相對於正面表列的只有法令規定可以做的才能做。）
缺點	①採申請核准制，申請核准募集過程較冗長，較難掌握進場時效 ②持股比例有限制，操作較僵化 ③基金投資標的限制較多	應募人與購買人有資格限制
相關費用	申購手續費 經理費、保管費	依信託契約規定，可視基金類型收取績效經理費

▼私募，官方公開的只看到這個。

A07.私募基金資料彙總表

資料日期：96年 查詢

*資料來源：各投信公司

*截至96年09月底有發行私募基金之投信家數：27 家

資料日期	基金數量			基金規模	
	本月新增	本月清算	現存數量	本月基金規模	增減金額
96/01/31	8	5	167	52,381,303,361	9,890,701
96/02/28	2	5	164	53,545,175,517	1,163,872,156
96/03/31	4	9	159	52,391,312,955	-1,153,862,562
96/04/30	2	8	153	51,164,976,064	-1,226,336,891
96/05/31	3	3	153	51,520,803,788	355,827,724
96/06/30	5	5	153	51,268,428,239	-252,375,549
96/07/31	6	1	158	52,986,773,298	1,718,345,059
96/08/31	4	4	158	53,276,488,072	289,714,774
96/09/30	6	0	164	54,128,375,977	851,887,905

* 部份基金因投資海外子基金之淨值結算問題，致無法以截至本資料月份止之基金規模列示，而改以截至目前可取得之最新資料列示

資料來源：中華民國證券投資信託暨顧問商業同業公會

相較於公募基金（一般基金）使盡各種辦法讓投資人了解我（基金）是誰，私募基金只能透過私下的管道招募，由業務員或理財專員做投資說明。
私募基金也要向主管機關報備，但不會揭露詳細內容，投信投顧公會僅公布總支數與規模。

Lesson 03

基金運作③ 熱的基金提早搶，怎麼搶

前一節提到，新成立的公募（一般）基金必須經過「送審」這個階段，從準備好資料送審到過關到正式發行少說也得一個月以上（慢的話，拖半年也是有可能。）

按照規定，新基金未經主管機關送審核准是不能公開招募的，所以在過關前業者也不能廣告，因此一檔很搶手的基金，一般投資人等到買到手的時候，可能金融圈該買的早已買完了，雖然跟著大家搶來的商品，未必就一定是好商品，但鈔票海洋瞬息萬變，能提早知道現在有那些基金正在磨拳擦掌，可以為你的投資計畫做提早布局。

證期局網站 基金資訊詳細豐富

若要掌握基金申請的第一手資料，直接上證期局的網站（http：//www.sfb.gov.tw）是最便捷也最詳細的（如右）如果在上面已經物色到喜歡的基金，但因為還在申請階段不能購買，可以試著動點小腦筋，打電話給基金公司或銀行試試他們是否可以提供什麼好辦法讓你可以一開賣就保證買得到。

這種「搶先一步」最好的例子就是96年引領風騷好一陣子的REITs基金，國內第一檔REITs主管機管還沒有放行之前，所有的額度早就被預定一空了，至於這些神通廣大的投資人用的是什麼方法呢？除了人脈情報外，勤快的投資人一看到國內外正在努力發行中的基金一面倒都是REITs、REITs、REITs，用猜的也猜得到它將會有一段不錯的行情。

值得一提的是，買基金跟買股票的原則差不多，如果你是搶流行派的，要搶就搶第一，若第一沒有搶到就放棄吧，千萬別等熱潮已經過了才下手，因為要買這種熱門基金總得早播種早收割，若是熱度涼了，行情通常也會很不客氣說跌就跌。

現在最熱的基金是什麼? 看這裡!

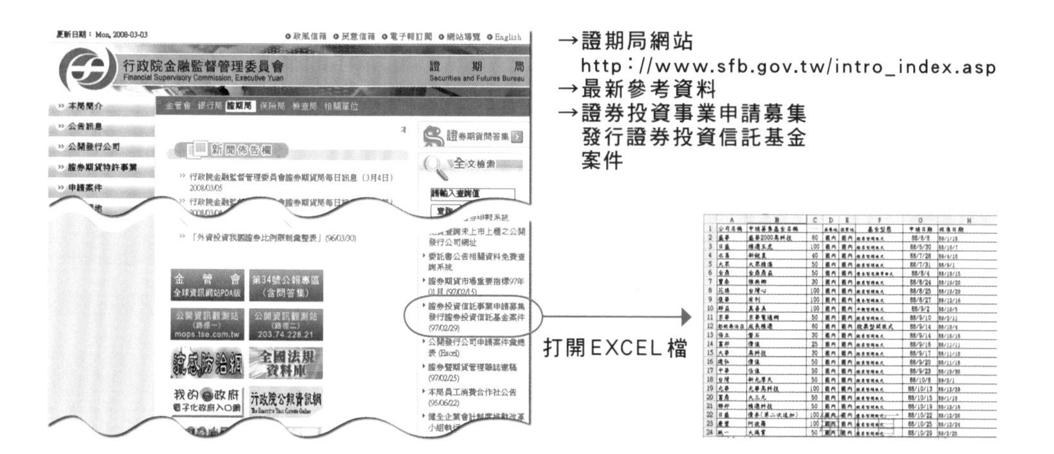

公司名稱	申請募集基金名稱	申請金額(億)	募集地	投資地	基金型態	申請日期	核准日期
日盛	全球抗暖化	100	國內	國內外	開放式股票型	H19.7.27	央行回復意見,審查中
建弘	全球貨幣市場	100	國內	國內外	開放式貨幣市場型	H19.8.8	函會央行表示意見
瑞銀	全球創新趨勢	65	國內	國內外	開放式股票型	H19.8.9	H19.10.18
寶來	環球趨勢傘型	200	國內	國內外	開放式股票型	H19.8.14	審查中
日盛	首選基金	60	國內	國內	開放式股票型	H19.8.16	2007/9/19申報生效
凱基	台灣電利基金	50	國內	國內	開放式股票型	H19.8.20	2007/9/5申報生效
華頓	台灣金磚基金	50	國內	國內	開放式股票型	H19.8.22	2007/9/7申報生效
犇華	台灣動力成長	30	國內	國內	開放式股票型	H19.8.24	2007/9/11申報生效
玉山	樂活中小基金	50	國內	國內	開放式股票型	H19.8.28	2007/9/26申報生效
國泰	台灣計量基金	50	國內	國內	開放式		2007/9/17申報生效
台新	大中華	60	國內	國內外			表示意見
華頓	全球溫室效應	100	國內	國內外			,審查中
保德信	全球基礎建設	100	國內	國內外	開放		函請公司補正
國際	第一(第1次追募)	100	國內	國內	開放式股票型	H19.10.8	2007/
安泰	安泰ING 全球氣候變遷	100	國內	國內外	開放式股票型	H19.10.8	函會
友邦	台灣靈活配置股票	60	國內	國內	開放式股票型	H19.10.12	

哇!
最新近申請的20檔,跟環境暖化相關的就有5檔!
(97/11/1)

基金還在申請階段就可以先到證期局查看國內將上市那些基金,粗估一下是那些類型最多,那一類型大約就是最熱門的基金了。

 Lesson 04

基金選擇① 調查基金身份

基金就如停泊港邊的船，等著帶領投資人的資金到鈔票海洋冒險，在選擇上船前，總得要先做「身家調查」，這就像到超市的飲料櫃前一樣，沒有喝過的飲料要嚐試之前，會先看一下品牌，如果品牌是老字號的，消費起來就會比較放心，即使嚐了幾口不喜歡，損失也就是3、50元。然而，買基金最少也得萬元起跳（以單筆投資為例），除了得選品牌（至少不能連證期會都查不到資料的公司）之外，還得詳細閱讀相關的「成份」（重點整理於下）。這些基金內容沒有必要死記，花一個晚上的時間，找幾個好用的網站，把相關功能點點看，對初學者就是最務實的學習方法。以下僅就我常用的幾個功能與讀者分享。

1	基本方針	積極以資產成長為目標，或安定地獲得收益……等，屬於那一種資金運用方式。
2	投資對象	對何種資產進行投資呢？掌握對那一區域的什麼資產（股票或債券或不動產等）？
3	標竿指標	也就是常到的（BENCHMARK）例如買國內股票型基金的話，目標是超越大盤。
4	投資限制	平衡型基金的話，必須考量股票及債券的比率風險的大小。
5	風險	價格變動、利率變動、匯率變動、信用風險、國家風險等存在著何種風險？
6	成本	銷售手續費依銷售公司有時是不同的。
7	基準價格	基金的時價，包含持有的股票及債券等的時價合計額。以（純資產總額）÷口數。
8	純資產總額	基金的資產總額。最初是小的，順利往右肩上升者，在運用上較為理想。
9	運用實績	以基準價格的走勢圖看過去的實績。觀察價格變動的大小。
10	分配實績	過去有發出何種程度的配息呢？若是長期投資的話，配息再投資型較有效率。
11	投資組合	所投資的資產及上市櫃公司、業種及市場等。以是否有偏於何種業種及公司家數等，也檢查分散的情形。
12	經理人市場	如何看投資對象的市場。如何運用呢？

基金資料輕鬆看（1） 基本資料

• 輸入基金的名稱或代碼就能看到如下基金基金資料

範例：台灣晨星網http：//tw.morningstar.com/

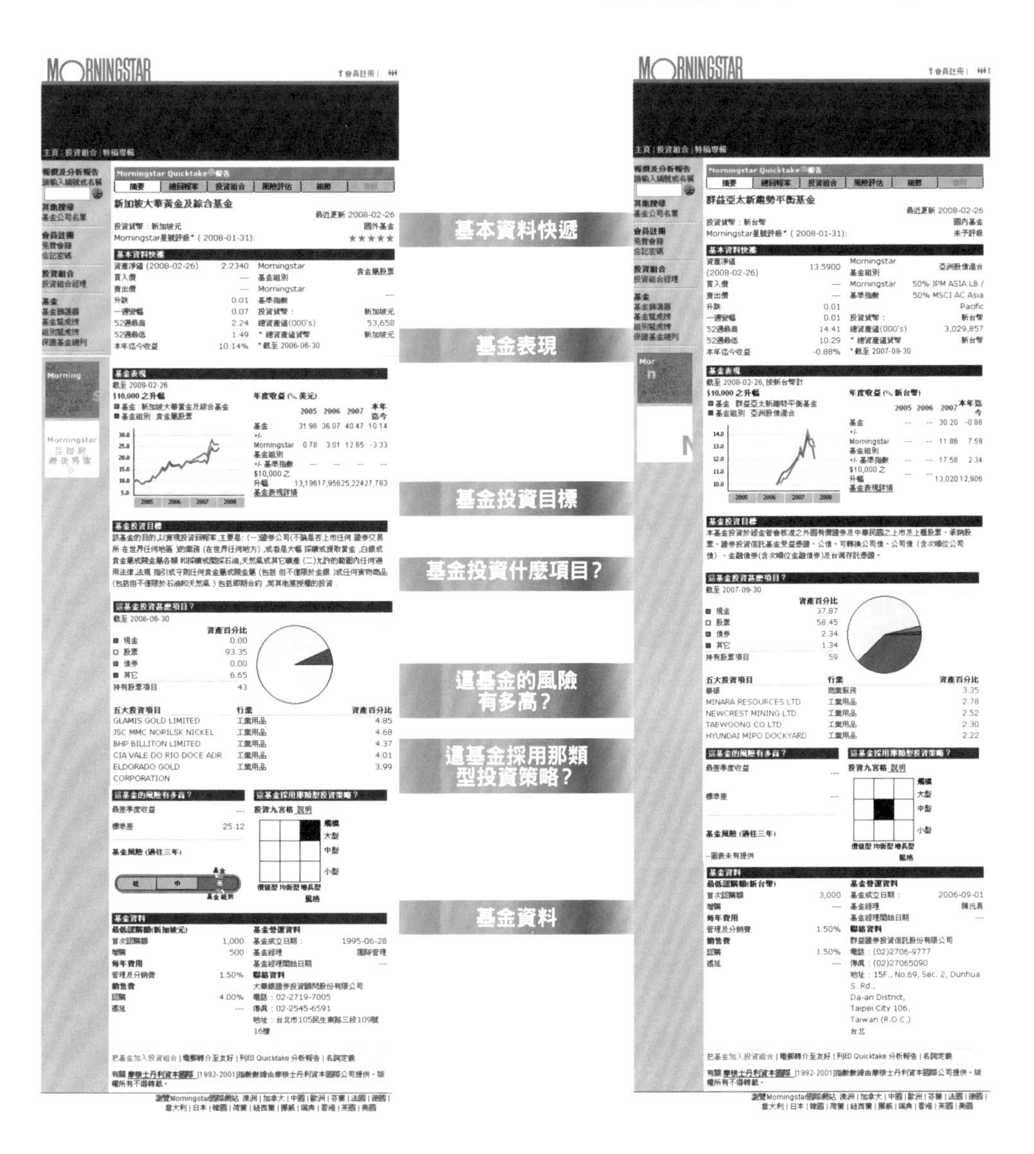

基金資料輕鬆看(2) 基金相關績效

範例Fund DJ-基智網：http：//www.funddj.com/

群益馬拉松	一個月(%)	三個月(%)	六個月(%)	一年(%)	二年(%)	三年(%)
單筆申購報酬率(02/27)	9.07	-9.73	-21.42	-2.21	34.04	78.17
定期定額報酬率(02/27)	9.07	-2.19	-13.29	-11.78	4.86	24.49

近五年年報酬率	2007	2006	2005	2004	2003
年報酬率(%)	15.71	22.96	39.27	12.10	21.97
指標指數漲跌幅(%)	8.72	19.48	6.66	4.23	32.30
差額	6.99	3.49	32.61	7.87	10.34
指標指數	加權指數				

近一年各月報酬率	2008	2007										
	1	12	11	10	9	8	7	6	5	4	3	2
月報酬率(%)	-20.25	-3.62	-14.46	-2.87	4.43	-2.52	11.86	7.96	6.67	-0.60	2.73	6.90
指標指數漲跌幅(%)	-11.58	-0.93	-11.58	2.48	5.50	-3.29	4.55	9.06	3.42	-0.11	-0.22	2.63
差額	8.67	2.69	2.88	5.35	1.08	0.76	7.31	1.11	3.25	0.48	2.95	4.27

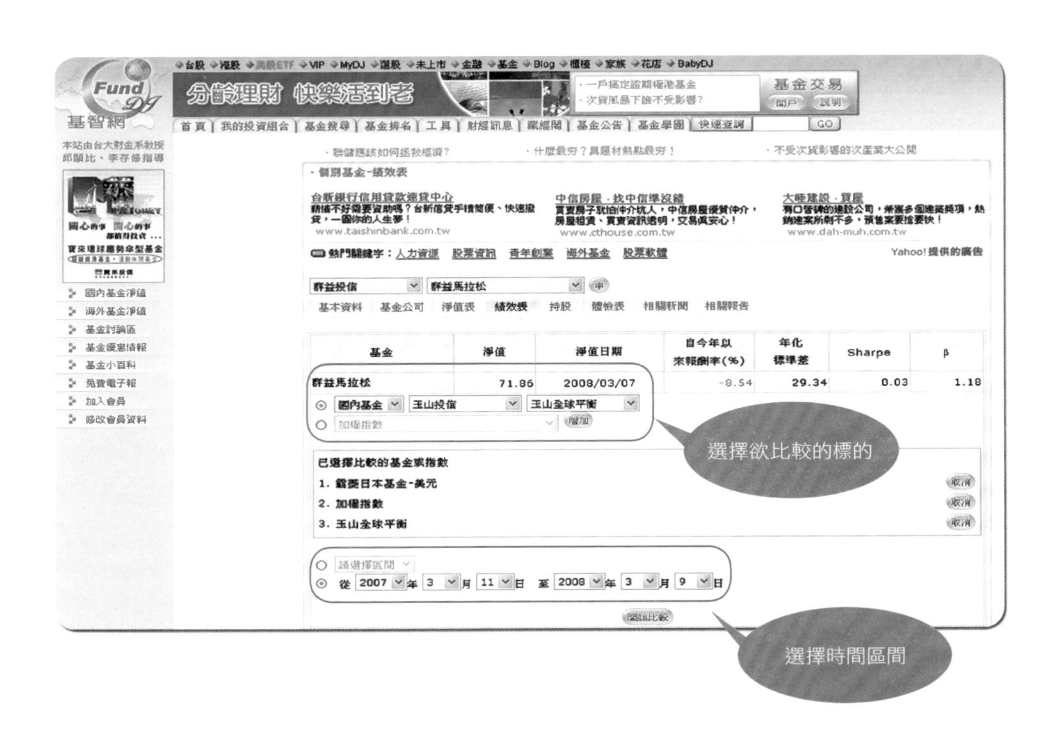

Fund DJ 基智網
分齡理財 快樂活到老
基金交易
首頁 我的投資組合 基金搜尋 基金排名 工具 財經訊息 基金公告 基金學園 快速查詢 GO
個別基金-績效表
群益投信
群益馬拉松
基本資料 基金公司 淨值表 績效表 持股 體檢表 相關新聞 相關報告
基金 淨值 淨值日期 自今年以來報酬率(%) 年化標準差 Sharpe β
群益馬拉松 71.86 2008/03/07 -8.54 29.34 0.03 1.18
國內基金 玉山投信 玉山全球平衡
加權指數
增加
選擇欲比較的標的
已選擇比較的基金或指數
1. 霸菱日本基金-美元
2. 加權指數
3. 玉山全球平衡
取消
請選擇區間
從 2007 年 3 月 11 日 至 2008 年 3 月 9 日
開始比較
選擇時間區間
國內基金淨值
海外基金淨值
基金討論區
基金優惠情報
基金小百科
免費電子報
加入會員
修改會員資料

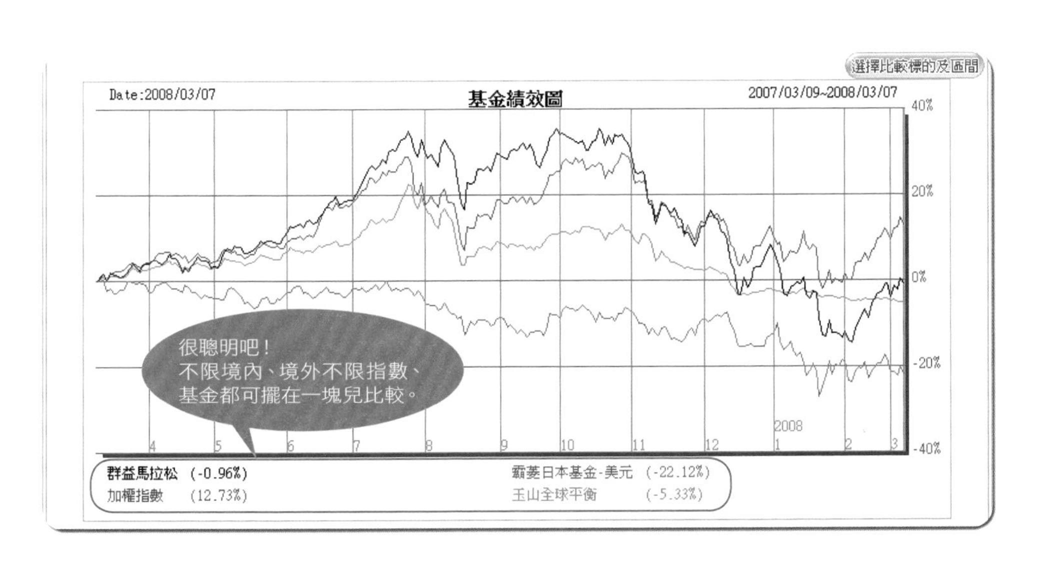

選擇比較標的及區間
Date:2008/03/07
基金績效圖
2007/03/09~2008/03/07
40%
20%
0%
-20%
-40%
2008
4 5 6 7 8 9 10 11 12 1 2 3
很聰明吧！
不限境內、境外不限指數、
基金都可擺在一塊兒比較。
群益馬拉松 (-0.96%)
加權指數 (12.73%)
霸菱日本基金-美元 (-22.12%)
玉山全球平衡 (-5.33%)

基金資料輕鬆看(3) 基金分類查詢

範例Fund DJ-基智網：http：//www.funddj.com/

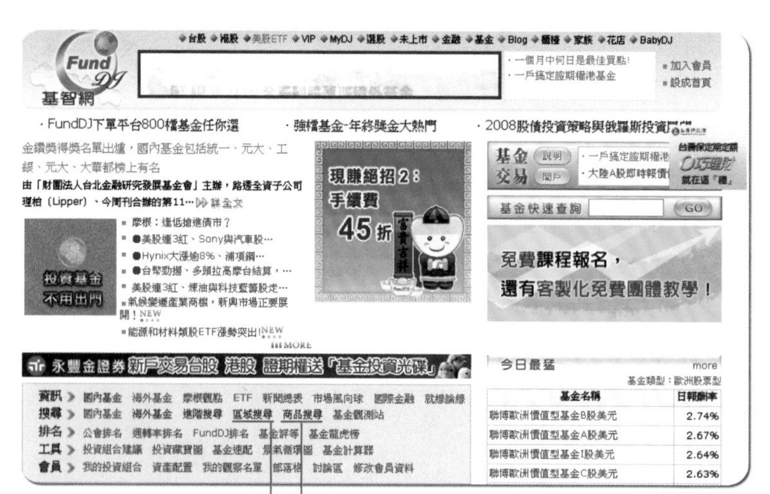

點選「區域搜尋」你想投資的區域已經分類好了。

點選「商品搜尋」，有很友善的界面。

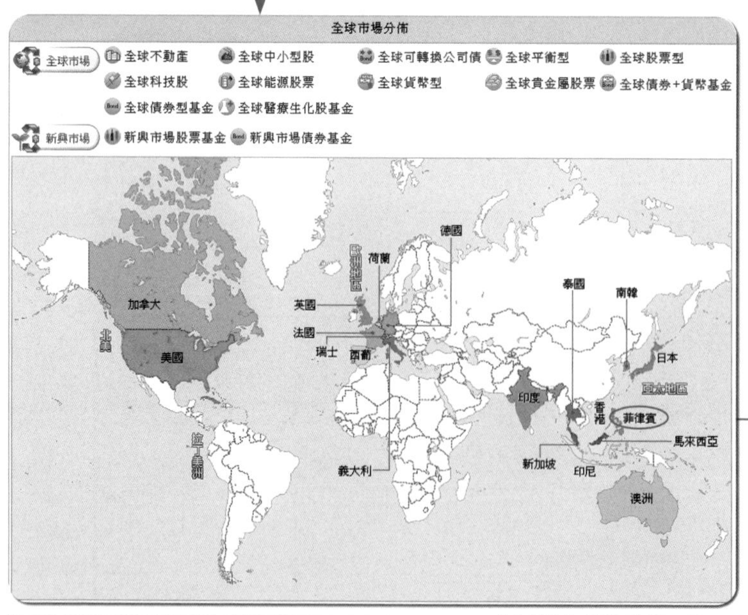

日期	基金名稱	淨值	幣別	報酬率(%)				風險			基金評等↑	交易
				三個月↓	六個月↓	一年↓	三年↓	年化標準差↓	Sharpe↓	β↓		
2008/02/26	JF菲律賓基金	46.6300	美元	-16.58	-4.07	-8.91	98.00	37.03	-0.04	1.31		
2008/02/26	德盛菲律賓基金	43.2200	美元	-15.78	-4.99	-11.63	88.06	31.83	-0.09	1.17		

試著在「菲律賓」點一下，就會出現跟菲律賓相關的基金產品。

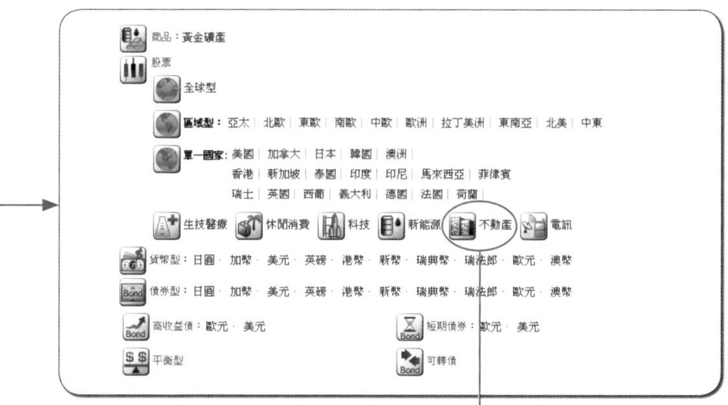

最近很想當全世界的房東，看看不動產有那些！

顯示報酬(原幣)　顯示報酬(台幣)　顯示風險　顯示基本資料

日期	基金	報酬率(%)									基金評等 ↓	交易
		近一日 ↓	近一週 ↓	今年以來 ↓	一個月 ↓	三個月 ↓	六個月 ↓	一年 ↓	三年 ↓	五年 ↓		
02/28	雷曼7-10年政府公債 IEF.US	1.17	1.31	3.53	0.23	4.31	9.19	12.42	20.86	26.02		
02/28	雷曼1-3年政府公債 SHY.US	0.24	0.63	2.35	0.79	2.90	5.54	8.91	16.25	18.40		
02/28	領匯房地產投資信託基金0823.HK	1.72	N/A	11.70	-0.53	11.31	19.92	3.73	N/A	N/A		
02/28	S&P全球100指數 IOO.US	-0.64	-5.04	-8.26	1.17	-8.93	-1.65	3.47	25.81	93.71		
02/28	越秀房地產信託基金 0405.HK	0.33	N/A	-2.27	1.01	-1.95	-1.31	-4.75	N/A	N/A		
02/28	泓富產業信託 0808.HK	0.00	N/A	6.49	2.50	7.19	3.80	-9.89	N/A	N/A		
02/26	摩根富林明環球地產入息基金	0.18	2.11	1.55	6.62	1.82	-6.09	-16.17	N/A	N/A		申
02/28	日本不動產投資 8952.JP	0.00	-4.80	-15.00	0.00	-14.39	-7.75	-17.93	35.07	102.38		
02/26	景順天下地產證券基金C股	1.76	0.91	-4.79	-1.04	-8.01	-6.65	-18.07	N/A	N/A		
02/26	景順天下地產證券基金A股	1.73	0.86	-4.94	-1.14	-8.14	-6.96	-18.53	N/A	N/A		申
02/26	駿利資產管理基金-駿利環球房地產基金A美元acc	1.29	3.33	-3.75	1.75	-1.76	-8.43	-20.57	11.52	33.60		
02/26	新加坡大華全球房地產證券基金-USD	1.36	1.08	-5.47	-0.27	-6.52	-9.11	-20.78	N/A	N/A		
02/26	駿利資產管理基金-駿利環球房地產基金B美元inc	1.27	3.28	-3.86	1.68	-1.97	-8.88	-21.33	4.38	20.76		
02/26	駿利資產管理基金-駿利環球房地產基金B美元acc	1.27	3.23	-3.91	1.59	-1.99	-8.97	-21.39	8.21	27.90		

 Lesson 05

基金選擇② 基金的分類

簡單來講，基金公司就是把投資的五個島嶼按不同比例、主題或個別或排列套裝出售，整理起來基金就如右圖大分為七種。

其中花樣最多數量也最多的是「平衡型」。顧名思義既然強調「平衡」就是在基金設計之初已經融合了各項理財商品的優點，歸納出平衡的組合。

平衡基金的好處在於，把資產分散投資於國內外的股票和債券，比起光投資在如只有國內股票這種特定資產上，其抑制價格下跌的風險效果是可以期待的。然而，對某人而言很「平衡」的基金商品對自己目前的理財需求可能不適用，所以，投資人有必要對平衡基金做進一步的認識。

了解平衡基金POINT1 投資的資產內容

首先，要檢視的是平衡型基金是「對那一種資產進行投資？」

相較於只搭配股票和債券產品，有愈來愈多基金也將分散效果較高的REITs列入投資組合。再交叉配合投資對象包括國內、國外、國內外等3種排列組合，平衡基金共有9種主要型式。(見右下圖)

了解平衡基金POINT2 投資於各資產的組合比率

若知道要投資什麼資產時，要檢視基金對各資產所投資的比率。

請比較次頁的資產組合圖，同樣是對6種不同資產投資，但兩者投資比率有很大的差異。

由於股票的價格變動比債券大，因此，股票的比率高者，價格下跌的風險和可期待的報酬也都較大。另外，如果是國外的投資比率偏高，其匯率風險就要多加考慮，仔細比較兩者的不同，下次看到平衡基金的基本資料很快就能判斷產品是否是自己所需求的類型。

基金的七種組合方式

國內股票型

投資於國內股票，雖有價格變動的風險，但高報酬也可以期待，又分把焦點集中於大型股或小型股的類型。

國內債券型

大部份投資於國債和政府機關債券等之安全性較高的債券，會有利息上升而使價格下跌的風險。

REITs型

分散投資於數種不動產和收取租金的不動產（REIT）上，投資標的有國內和國外者。

國外股票型

除美、日先進國家外，未來很被看好的新興國家也都是投資的對象，屬於高風險類型。

國外債券型

價格變動容易和國內股票反向而行，可分為高安全性的債券和高利率的債券，為可迴避外匯風險的類型。

其他

黃金、石油和穀物、貨幣等，也有利用特殊運用手法的避險基金。

平衡型是：其他6種型態的折衷型

平衡型

投資於國內外股票和債券的類型，也有依據基金之不同而投資於REIT或商品上者。投資何種標的和各資產的投資比率，都依基金而有不同。

•平衡型基金的9種型式

投資對象國	1	只有國內	2	只有國內	3	只有國內
投資種類		股票+債券		股票+債券+REITs		股票+債券+REITs+其他
投資對象國	4	只有海外	5	只有海外	6	只有海外
投資種類		股票+債券		股票+債券+REITs		股票+債券+REITs+其他
投資對象國	7	國內+海外	8	國內+海外	9	國內+海外
投資種類		股票+債券		股票+債券+REITs		股票+債券+REITs+其他

了解平衡基金POINT3
資產分配與類型

一般而言，平衡型基金都是按照事先決定的投資比率來進行投資，然而，也有基金是準備了幾種不同風險性的組合，讓投資人可以在這些組合中自由選擇擇轉換，一方面是省下投資人的手續費，二方面能讓沒有時間照顧的投資人省掉因為生涯規畫不同得重新挑選基金的困擾。

所提供的有那幾種資產組合呢?大體上有風險較高的成長型、重視穩定性的穩定型、和兩者折衷的穩定成長等三大類選項。

如果你是選擇這種基金就得有耐性，不要讓市面上那種很即時的話題基金左右了自己的理財布局。

因此，有必要在選購之前就充份了解商品。

了解平衡基金POINT4
領取分紅的方法

一般而言，基金每年會進行1次以上的決算，如果有獲利的話，就會把

‧資產組合圖(種類相同，比率不同「平衡」就不同。)

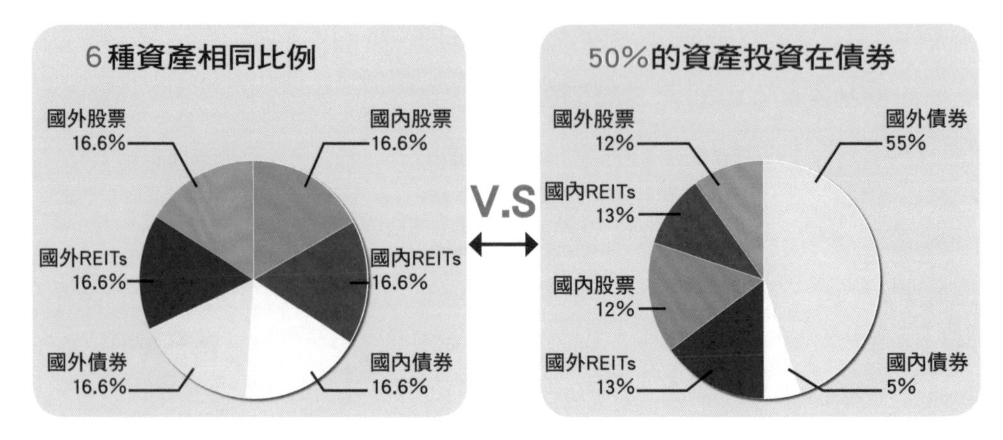

可變更資產分配的平衡型基金

• 在一支基金中可有數種選擇和轉換的類型

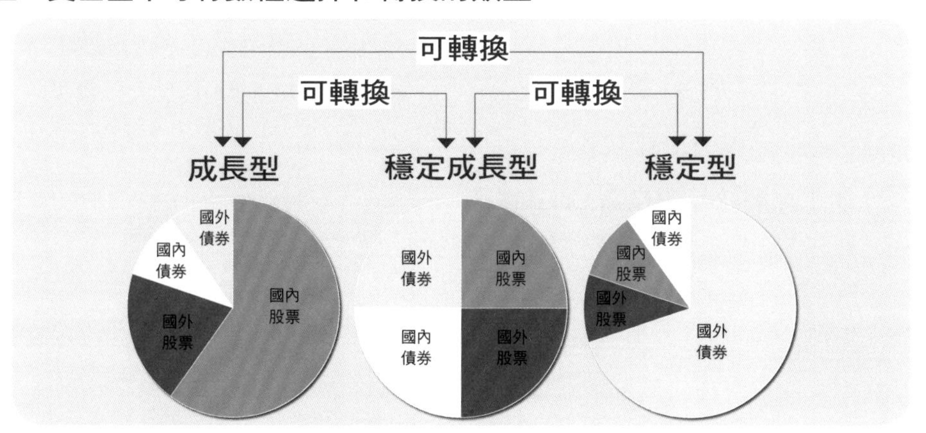

免轉換手續費平衡基金範例——
有工作時選擇成長型（高風險高報酬），俟退休時改為穩定成長型、到70歲時再改為穩定型（低風險低報酬），也就是説，配合風險容許度來轉換。

• 在一定期間進行保守運用可轉換「Target Year型」

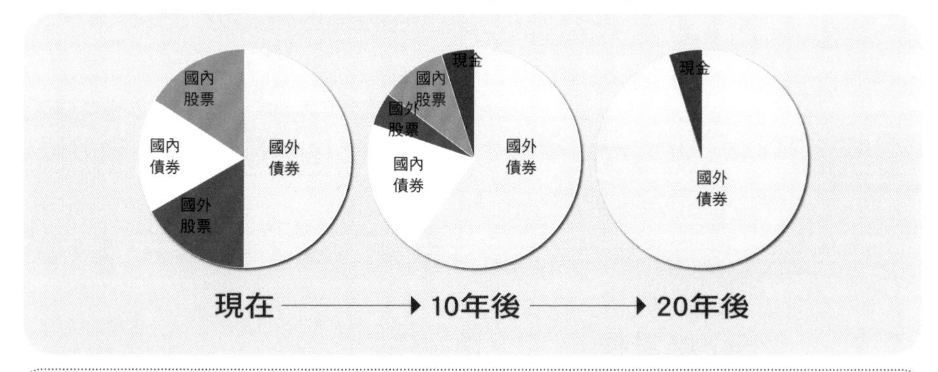

轉換時期在每種基金中已有事先規定的平衡基金範例——
隨著年齡自動變更資產分配的比率，投資人買進這種產品，就不需再費腦筋轉換自己的基金組合了，但這種產品難配合本身的風險容許度是它的缺點。

獲利的部份以分紅來處理。

平衡型基金大部份屬於定期分紅型的，但是，每次分紅金額的一部份，會以稅金的名義被扣減下來。

如果你屬於長期投資，而且也不想每一次都重新再考慮一次應如何重新運用該筆分紅金額。可以選擇免費自動將分紅金額再滾入投資型。

• 分紅金額分「再投資」和「領取」兩種

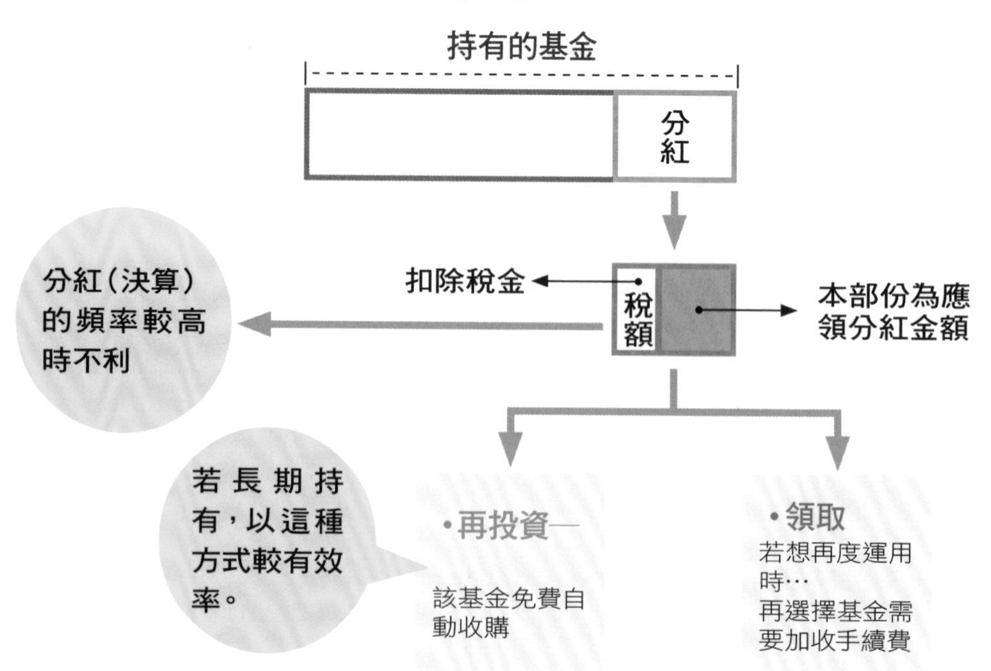

平衡型基金的優點〇、與缺點×

〇一支就可以投資國內外的各式各樣資產
〇透過廣泛的分散投資來抑制價格波動
〇多種股票與債券，可配合風險容許度選擇。
〇為避免風險過大，定期調整全體平衡狀態。

→因此…
◆對投資初學者
◆對想以一支基金進行分散投資的人
◆對不想花時間在投資上的人
…都很方便

×若不知道投資標的和投資程度時會難以選擇
×股票或債券、國內或海外的投資比率，很難按照自己的想法完成。
×由於資產的投資種類繁多，因此價格變化會受什麼因素影響很難瞭解。

→因此…
◆對想自己決定比率來進行分散投資的人
…不適合

Key Word

【主題基金】

媒體上三不五時就會出現很搶眼球的新概念基金話題，比方有一度很流行「精品基金」又有一陣子大喊「醫療生技」、「農業、蛋白質」、「通貨膨脹」、「愛台灣」、「邪惡基金」、「道德基金」……。這些都算是主題基金，也就是同一個概念的股票投資標的組合。

CHINA
FUND

大陸買基金實務

附錄

製作本書期間，
小編輯被指派一項任務－－
要用背包客的精神到大陸找銀行
開基金帳戶。
如果真的很想買大陸股票，
又不想在國內透過代辦中心，
自行申購大陸基金是最適合的。
本附錄是編輯的
理財小旅行記實。

CHINA FUND

Lesson 01 實務經驗 開戶

台胞到大陸開基金帳戶，國內媒體相關的報導各有不同的講法，有人說，台灣民眾持護照與台胞證能開基金帳戶；有的則說沒有辦法開基金帳戶；而最多的說法是，得碰運氣？！……在台灣生活習慣了，透過媒體的報導實在無法想像，為什麼開戶買基金還得「碰運氣」，如果是，那又是怎麼樣一種情況呢？

啟程前我嚐試與國內專業金融機構聯繫並詢問，他們的回答很乾脆：「只要跟著國內的投資理財團出發或是找大陸的親友借個人頭開戶，要投資什麼都沒有問題。」

不過，既然要投資就要正正當當！所以，決定自己安排五天四夜的北京旅行，試試身上帶著台胞證、護照外加5仟元台幣，是否可以開得了基金帳戶，並可以回台灣後下單選購基金！

至於到那個銀行開戶比較有機會開戶成功呢？

我問了很多有經驗的專家，很意外的每個人給的答案竟然沒有交集（或許是大陸銀行太多了）！以強力推薦程度而言，招商銀行排第一順位，接著有人說中信銀行，另外，還有人推薦中國銀行、農業銀行、中國建設銀行……。不過，即使是受聘到大陸操盤的台灣基金經理人，他的說法也很不肯定，據這位經理人表示，若沒有熟人帶的話，台胞在大陸當地銀行開戶買基金，可能同一家銀行不同的網點（也就是台灣慣稱的「分行」的意思）街頭的網點允許開戶，街尾的網點可能無法開戶！究竟是為什麼原因呢？理由也許有點小複雜，但對於投資人的我們，只要確定資金是安全的、行為是合法的、程序是順利的就OK啦！

以下是我的大陸買基金經驗

記錄一 2008年元月初出發

行前我做了點功課，在大陸買基金，

單筆最少是1000元人民幣；定期定額是300元人民幣。

所以我準備的東西有：護照、台胞證、1050元人民幣（約4,800台幣）。

記錄二 到銀行一家一家的試試

洽詢的第一家銀行是位在北京三環的中國銀行。一開始我就表明我只持有台胞證與護照並想開基金交易帳戶，

利用5天假期，帶著簡單的DM與少少的錢，出發開戶囉！

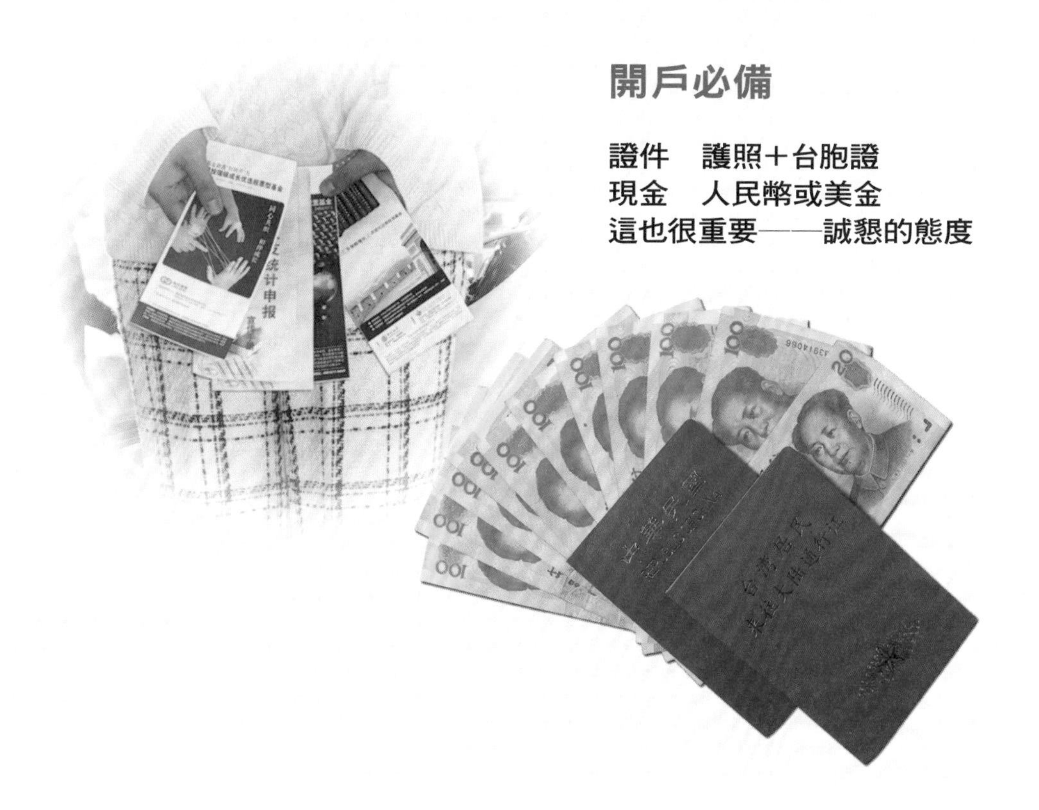

開戶必備

證件　護照＋台胞證
現金　人民幣或美金
這也很重要——誠懇的態度

CHINA
FUND

櫃檯服務員因為沒有碰過這種情況，所以，找了主管兩人商量了半天，還一再的翻查資料、打電話詢問，最後，那位先生很客氣的告訴我，按照規定，我所持有的證件是不能開立基金帳戶的。

因為光是翻查資料、找人討論就耗掉半小時，我確定這家銀行已經很努力的想盡辦法想做我的生意，雖然結果是「不成」，但買賣不成仁義在，按下那位服務員櫃檯前「極度滿意」的按鈕，往隔壁的中信銀行試試。

中信銀行的開戶經驗還真曲折，我已經老實表明，隔壁的中國銀行因為我持有的是台胞證所以無法開戶買基金，可是，那位小姐卻很有自信的告訴我：可以。

她讓我先開一個活期儲蓄帳戶，並給我一個基金帳戶的申請書，第一關當然沒有問題，本來外國人或台胞就能開辦銀行帳戶，可是到了第二關電腦上key基金申請書的時候，那位小姐就開始面露難色了……接著，同樣的戲碼又再演一次，翻資料、問主管、打電話。最後的結論是「很抱歉，我的電腦無法接受這種有效證件的格式，所以，無法開基金帳戶」……。

看來，隨機碰運氣不是個好辦法，還是鎖定目標吧！

於是我改問大陸的一位金融界朋友，她幫我請教了招商銀行的一位高階主管，但結論是：目前並未開放台胞買大陸基金！

整整一個早上都沒有開戶成功，索性先逛街吧！到了北京最大的圖書大廈，向右一看，又有幾家銀行，雖然忙了一早沒有收獲有點灰心，不過就當碰運氣吧！接著又詢問了中國農業行、中國建設銀行。

BINGO！

我在中國建設銀行順利開成了基金帳戶。

大陸銀行開戶買基金經驗

一開始不太順利，一連三家銀行跟我說“不行”！

失敗！！

終於在熱心的行員服務下，成功的開戶！

雖然好幾次因證件問題被連線系統踢出，耗了40分鐘，行員終於找出恰當的儲戶登記身份……
成功開戶！

成功！！

我的觀察

近幾年我算是北京的常客，但一直沒有留意北京的銀行密度其實是相當高的，而且服務也不錯，大部份的銀行跟台灣一樣，採用抽號碼牌取代排隊，有些銀行櫃檯還會設有「服務滿意度評分按鈕」，消費者在櫃檯辦完交易後，可以按下你對個別服務員的滿意程度（試想：如果我是服務員，即使運氣不好遇到「奧客」恐怕也只能微笑、微笑再微笑了。）或許是銀行有計畫的提升服務品質，所以，不管是到銀行辦任何事情，從匯款到存提款，或是像「買基金」這種有點「難解」的問題，都可以大方的坐下來，看著他們為你案子跑來跑去處理。所以，除非是自己沒有空親自到大陸開戶，否則實在不必再透過其他管道浪費高昂的代辦服務費轉一手請他人代辦。

此外，大陸銀行現在也跟台灣的大部份銀行一樣，有理財專員主動向坐在等待區的人們推薦並解說保險、基金等各式理財商品，有興趣聽一聽也滿好玩的，那些推銷員絕對不會是什麼詐騙集團。

◎**攝影取景小記**——第一次走進大陸銀行的人常會被表情寫著「我不好惹」的保全嚇一小跳，即使只是拿起相機都會立刻被請出去，但換個角度想，這樣相對保護了很好惹的好人。

記錄三 基本資料的填法

到大陸辦事，對旅行者而言，最麻煩的莫過於填資料時，電話、地址該怎麼填?我的經驗是，隨身攜帶飯店的名片或記住當地朋友家的地址，其他有不懂的直接用問的比較快。如果是辦銀行帳戶的話，一定要特別叮嚀開通網路銀行、網路下單的功能。

記錄四 至少要準備多少錢？

長期來講，人民幣處在升值的趨勢中，有閒錢的人，一次可以把多一點錢存在當地銀行，並不會太吃虧很多（先不考慮便利性與安全性）。至於要投資基金，就等回台灣後再經由網路下單。若是不考慮投資，只開銀行帳戶與基金帳戶全部只要人民幣20元以內就能完成手續。當天，我是實驗性的存入1200元人民幣。

辦完手續後，業務回單上的「證件號碼」是每回上網下單一定要輸入的。

（也就是台胞證上號碼的後面八碼）。

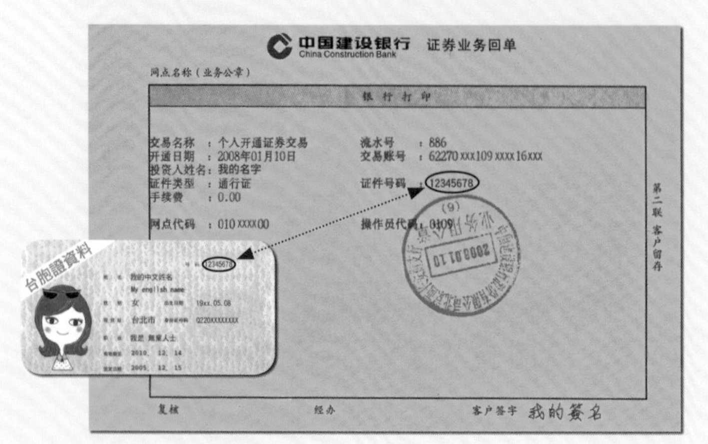
中国建设银行 China Construction Bank 证券业务回单

网点名称（业务公章）

银行打印

交易名称：个人开通证券交易
开通日期：2008年01月10日
投资人姓名：我的名字
证件类型：通行证
手续费：0.00
网点代码：010 xxxx00

流水号：886
交易账号：62270 xxx109 xxxx16xxx
证件号码：12345678
操作员代码：0109

第二联 客户留存

复核 经办 客户签字 我的簽名

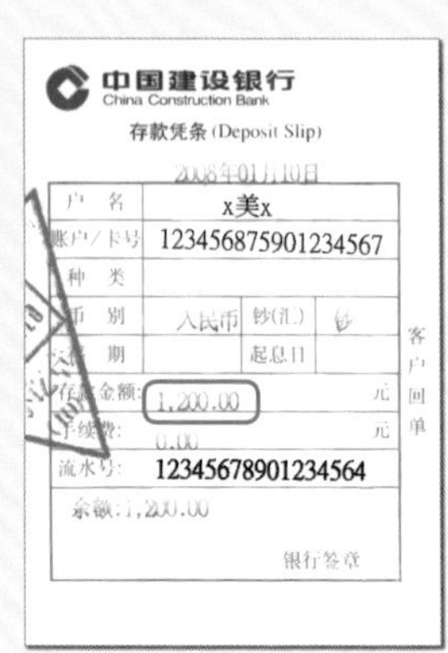
中国建设银行 China Construction Bank

存款凭条 (Deposit Slip)

2008年01月10日

户名	x美x		
账户/卡号	123456875901234567		
种类			
币别	人民币	钞(汇)	钞
存期		起息日	
存款金额:	1,200.00		元
手续费:	0.00		元
流水号:	12345678901234564		

余额：1,200.00

银行签章

客户回单

申請書填寫範例

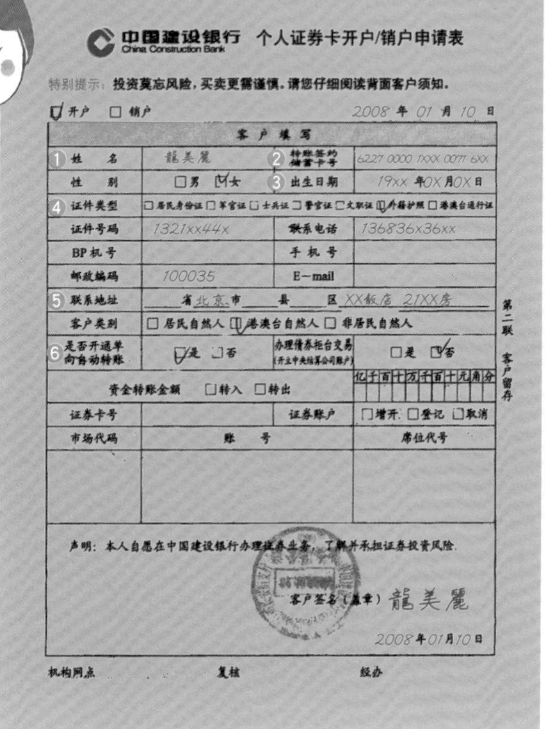

中国建设银行 China Construction Bank 个人证券卡开户/销户申请表

特别提示：投资莫忘风险，买卖更需谨慎。请您仔细阅读背面客户须知。

☑开户 □销户 2008 年 01 月 10 日

客户填写			
① 姓名	龍美麗	② 特账签约储蓄卡号	6227 0000 1XXX 0071 6XX
性别	□男 ☑女	③ 出生日期	19xx 年0X 月0X 日
④ 证件类型	□居民身份证 □军官证 □士兵证 □警官证 □文职证 ☑外籍护照 □港澳台通行证		
证件号码	1321xx44x	联系电话	136836x36xx
BP机号		手机号	
邮政编码	100035	E-mail	
⑤ 联系地址	省 北京 市 县 区 XX飯店 21XX房		
客户类别	□居民自然人 ☑港澳台自然人 □非居民自然人		
⑥ 是否开通单向自动转账	☑是 □否	办理债券柜台交易（开立中央结算公司账户）	□是 ☑否
资金转账金额	□转入 □转出	亿千百十万千百十元角分	
证券卡号		证券账户	□增开 □登记 □取消
市场代码	账号	席位代号	

声明：本人自愿在中国建设银行办理证券业务，了解并承担证券投资风险。

客户签名（盖章）龍美麗

2008 年 01 月 10 日

机构网点　　复核　　经办

第二联 客户留存

申請書填寫注意事項：

①姓名地址寫繁體中文就可以了。
②新開戶的活存帳戶也是買基金扣款的帳戶。
③寫西元年的出生日期。
④勾「外籍護照」並填「護照號碼」。
⑤隨身帶著下榻飯店名片，需要填寫大陸居住的連絡方式如地址、郵編、電話就抄名片上面的。
⑥一定要勾「是」，未來才能自動轉帳。

客戶資料卡可以填寫台灣的地址。

中国建设银行 China Construction Bank

中国建设银行特殊业务申请书

2008 年 01 月 10 日

客户资料
存款人姓名：龍美麗 账号 卡号：6227 0000 1XXX 0071 6XX
有效证件名称：身份证□ 户口簿□ 护照□ 其它□：
有效证件号码：1321xx44x
联系电话：886227369882 地址：台北市XX街XX巷X號
代办人姓名： 有效证件名称：身份证□ 户口簿□ 其它□：
有效证件名称号码：
联系电话： 地址：

申请事项
银行卡磁条损坏换卡□ 银行卡挂失换卡□ 银行卡销户□
通知存款自动转账□ 密码更改□ 密码重置□
其它□：
申请人签名：龍美麗

银行记录
交易时间： （银行盖章）

会计主管： 授权： 复核： 录入：

客户回执

手續完成後隔天就可以上網下單買基金！

CHINA FUND

Lesson 02 實務經驗 網路交易

過去買台股、買基金都採用網路下單，但跨越一個太平洋遙控大陸基金這也是第一次，我無法向讀者們保證安全性的問題，僅就個人的操作經驗分享！

請留意哦！如果你在網路銀行開通上一直不順利，請先檢查你使用的瀏覽器，以我的經驗為例，我習慣使用「firefox」上網，但要登入我所開戶的「中國建設銀行」則出現無法輸入帳號密碼的情況，改用最傳統的「IE」瀏覽器，就順利登入了。

另外，有些中國的銀行網站會出現「繁體中文」、「簡體中文」之類的選項，建議你不必選擇改換「繁體中文」，因為即使你選擇按繁體中文的頁面，在被要求填寫姓名時，銀行的網站通常還是只會辨識「簡體中文」。一般台灣民眾都不會打簡體中文字，其實只要在一般的「WORD」裡面先打好再按下簡、繁體互換鍵，把你所要的簡體字複製後貼到網上即可。

如果沒有用簡體中文輸入資料，網站並沒有那麼聰明自動辨識你所輸入的繁體中文。輸入過程中就會出現「客戶姓名不符」的錯誤訊息畫面。如下圖。

第一步 開通網路銀行

如右圖所示，完成所有的程序後，熟記自己所重新設定的網路密碼與證件

基本資料要先換成簡體中文

「客戶姓名不符」的錯誤訊息畫面

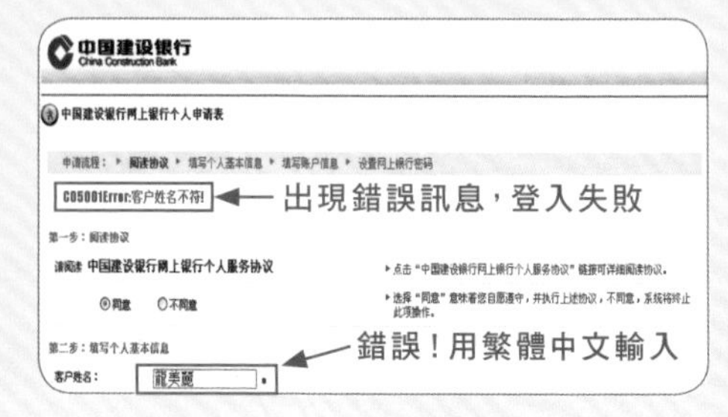

❶啟動IE連上銀行網站，按「登錄」，這時將出現安全性警示，按「確定」即可到下一個頁面。

❷首次登錄，要按右上角「網上銀行註冊嚮導」

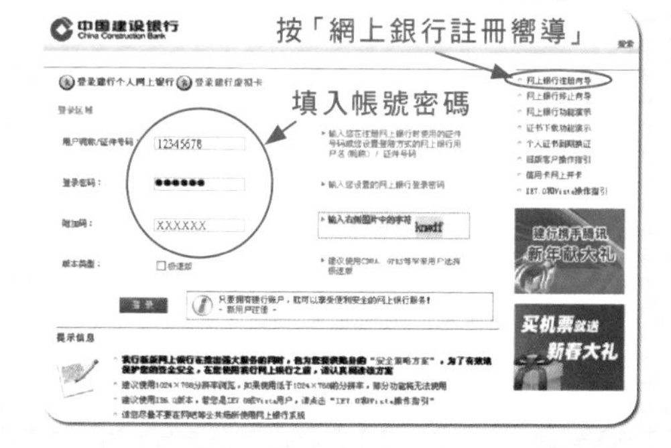

❸跟國內網站一樣，得經過申請風險提示，先勾選完後，才能繼續下一步。

❹留意：1.姓名要寫簡體。2.證件類型要勾：台通行證、其他旅行證。3.證件號碼通常是台胞證號碼，但每一家銀行略有不同，保留原始開戶的單據，檢驗看看就知道。4.這裡的帳戶，指的是開戶帳號。

请阅读 中国建设银行网上银行个人服务协议

◉同意 ○不同意

点击"中国建设银行网上银行个人服务协议"链接可详细阅读协议。

选择"同意"意味着您自愿遵守，并执行上述协议，不同意，系统将终止此项操作。

第二步：填写个人基本信息

客户姓名：龙美丽

性别：◉男 ○女

证件类型：台通行证、其他旅行证

证件号码：12345678

用户昵称： 检测用户昵称

手机号码：123-456-789-00

联系电话： -

Email：

用户昵称可以由4—14个字母、数字、汉字或下划线等字符组成，可替代证件号码登录建行网上银行，请不要设置简单易猜的用户昵称。

请分别输入电话长途区号和电话号码，分机号请用"-"连接。

请填写您有效的EMAIL邮箱地址，用来订阅建行金融理财专家为您提供的金融理财服务。

第三步：填写账户信息

账户：12345678

账户密码：●●●●●●

附加码：XXXXX rqdht

请输入您的账户密码。

请输入图片中的字符。

第四步：设置网上银行密码

新密码强度：中

请设置网上银行登录密码：●●●●●●●●●●●

再次输入网上银行登录密码：●●●●●●●●●●●

为了您的账户安全，请牢记您的登录密码。

CHINA
FUND

號碼（通常是台胞證後8碼）就可以上網下單了。

第二步 網路基金下單

在銀行開戶時已經一併開妥基金交易帳戶，所以，網路銀行開通之後，就可以直接點選銀行有代銷的基金購買。以我所開戶的建設銀行為例，雖然不是所有大陸發行的基金都可以買得到，但數一數也有數百檔可供挑選。在下單之前，可以先到它的「基金超市」逛一逛，先做足功課再等候時機下手。

如果已經鎖定目標，按「基金申購」就會跳出選購頁面，單筆基金最低是1000元人民幣，我戶頭只有1190元，所以，申購1000元試試看！

•瞄準目標等待機會再出手

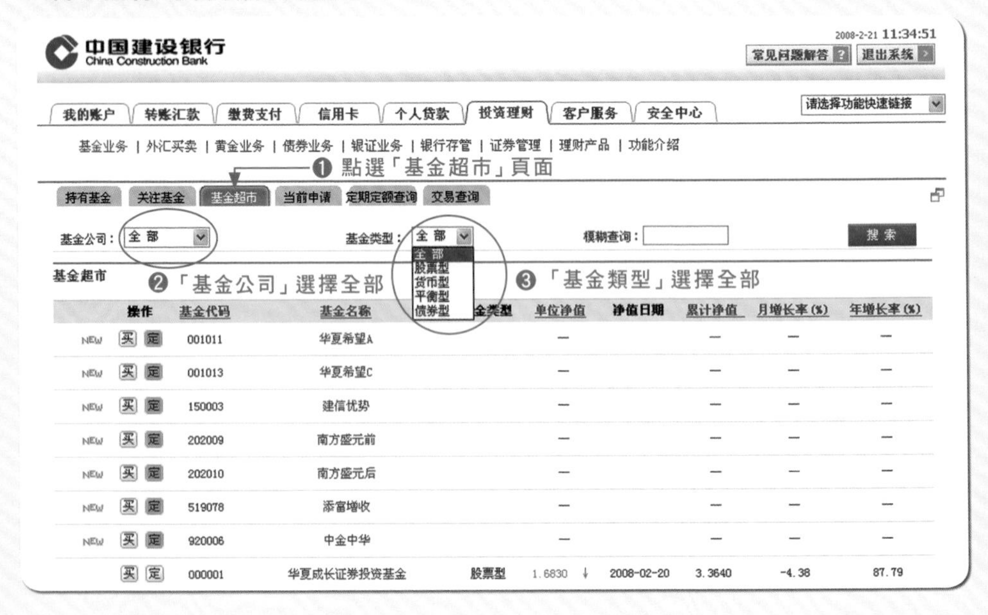

成功了！出現下面交易畫面：

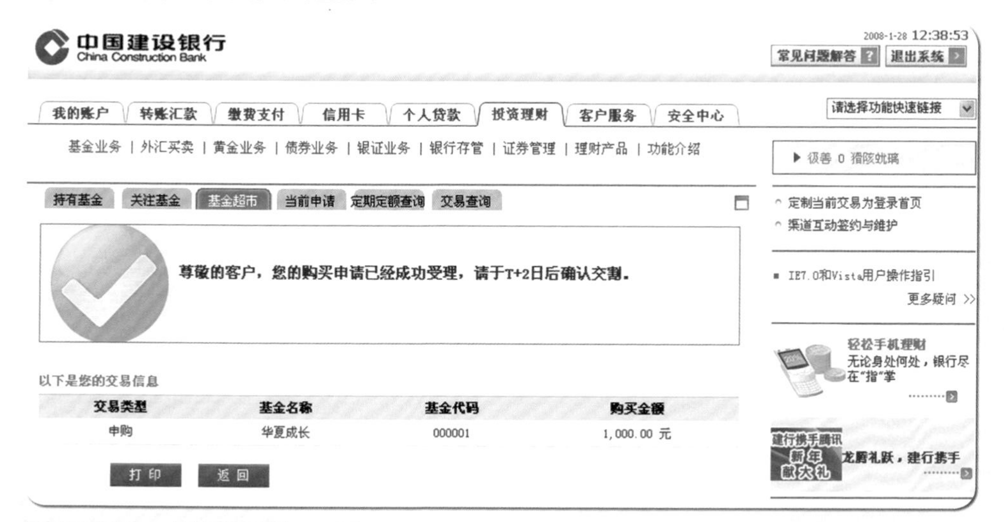

隔天查詢，帳戶只剩190元。

之後，同樣的上網方式，就能隨時在網路上查詢你的基金淨值狀況。

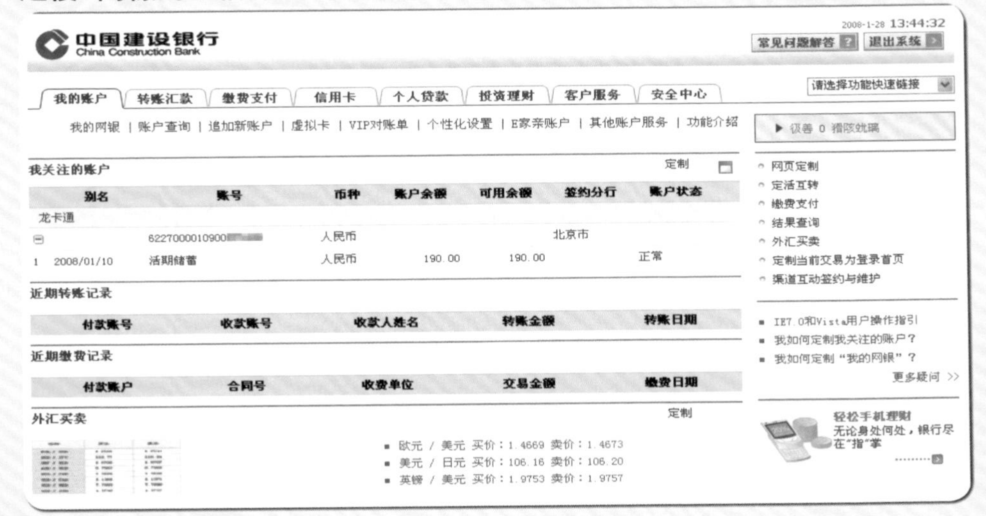

下面就是我上網買下的基金單位。

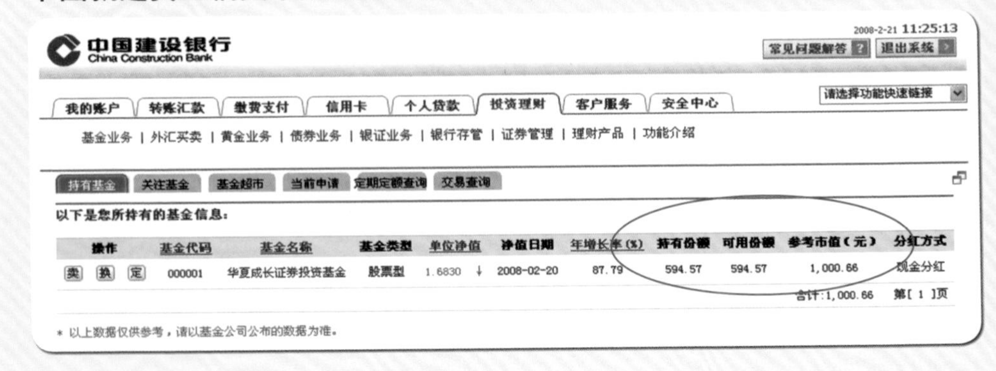

365日記式

日期								第1週
	(一)	(二)	(三)	(四)	(五)	六	(日)	
	項目・金額	項目・金額	項目・金額	項目・金額	項目・金額	項目・金額	項目・金額	
收入								
食費								食計
日用雜費								雜計
私人重點費								重計
支出								本週支出
餘額								轉下週
備註								

分項式

	預算（ ）					預算（ ）			
	費	現金	刷卡			費	現金	刷卡	
日	內容	現金	刷卡	支出累計	日	內容	現金	刷卡	支出累計
支出小計				計	支出小計				計
預算餘額				計	預算餘額				計

信用卡式

			消費方式				
			現金	信用卡			
日期	項目	內容		卡	註記	金額	累計
		預算					
	小計						

memo

貼貼式

費		費		費	
預算	實支	預算	實支	預算	實支

MEMO

・國家圖書館出版品預行編目資料

基金初見面，選對基金/新米太郎著.

初版.——臺北市：恆兆文化，

面；　公分

ISBN 978-986-82173-9-3（平裝）

1.基金 2.投資

563.5　　　　96022270

基金初見面

選對基金

出版所　恆兆文化有限公司
Heng Zhao Culture Co.LTD
www.book2000.com.tw
作　者　新米太郎
美術編輯　張讚美
責任編輯　文喜
插　畫　韋懿容
電　話　+886.2.27369882
傳　真　+886.2.27338407
地　址　台北市吳興街118巷25弄2號2樓
110,2F,NO.2,ALLEY.25,LANE.118,WuXing St.,
XinYi District,Taipei,R.O.China
出版日期　2008年4月初版
ISBN　978-986-82173-9-3（平裝）

劃撥帳號　19329140　戶名　恆兆文化有限公司
定　價　299元
總經銷　農學社股份有限公司　電話　02.29178022